MICHAIL KRAUSNICK

# ES WAR EINMAL
*ALS DAS WÜNSCHEN NOCH GEHOLFEN HAT*

Poesie & Politik
im 19. Jahrhundert

**11
REIHE
RHEIN-NECKAR-BRÜCKE**

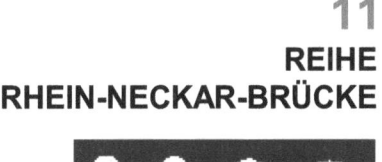

# 11 REIHE RHEIN-NECKAR-BRÜCKE

Herausgegeben von
Rolf Bergmann, Gudrun Reinboth, Michail Krausnick
und Friedhelm Schneidewind

In der REIHE RHEIN-NECKAR-BRÜCKE erscheinen Publikationen
von Autorinnen und Autoren der VS-Regio-Gruppe Rhein-Neckar.

weitere Informationen: http://www.vs-rhein-neckar.de
http://www.rhein-neckar-bruecke.de

ISBN 978-3-732253777
Herstellung und Verlag: BoD - Books on Demand, Norderstedt
© Neckargemünd 2013 - AlleRechte vorbehalten
Michail Krausnick
http://krausnick-web.de
e-mail: krausnick@web.de

MIX
Papier aus verantwortungsvollen Quellen
Paper from responsible sources
FSC® C105338

# MICHAIL KRAUSNICK

# ES WAR EINMAL
*ALS DAS WÜNSCHEN NOCH GEHOLFEN HAT ...*

*für Helga*

# INHALT

**5** – **Heinrich Heine**
über verkannte, verbannte und verbrannte Dichter

**11** – **Philipp Friedrich Schütz**
ein in Heidelberg geköpfter Dichter der Romantik

**21** – **Jacob und Wilhelm Grimm**
und andere deutsche Märchenerzähler

**25** – **Johann Georg August Wirth**
der Vorkämpfer für Demokratie und eine freie Presse

**31** – **Richard Wagner**
dessen Schweizer Ehrenstuhl eine fatale Sitzgelegenheit ist

**57** – **Ferdinand Freiligrath**
der die Parole WIR SIND DAS VOLK ausgab
und Marlene Dietrich zum Weinen brachte

**71** – **Emma Herwegh**
Amazone der Freiheit
und erste Heerführerin der deutschen Geschichte

**83** – **Paul Heyse**
gründlich vergessener Dichterfürst
und erster Literaturnobelpreisträger

**99** – **Ferdinand Lassalle** und **Georg Herwegh**
die den Mann der Arbeit aufgewacht
und an der Macht sehen wollten

# Dort wo man Bücher verbrennt ...
»Dichter unbekannt«
Heinrich Heine (1797 – 1856)

Deutschland und Heine, das ist – so Ludwig Marcuse – fast eine Geschichte Deutschlands, eine vielaktige deutsche Komödie, aber auch ein Trauerspiel ... denn Deutschland wusste mit einem seiner größten Söhne nichts rechtes oder im Wortsinn nichts Rechtes anzufangen. Denn Heine – laut Thomas Mann »einer der anmutigsten, freiesten Geister, die unser Land hervorgebracht hat« – war nicht nur ein großer Dichter von Weltgeltung »Ich weiß nicht, was soll es bedeuten?« ... sondern er verfügte auch über einige Eigenschaften, die ein rechter deutscher Spieß- und Pfahlbürger niemals zu verzeihen bereit ist: eine spitze Zunge, einen ausgeprägten Freiheitsdrang, Gerechtigkeitsideale und was lange Zeit hierzulande als das Schlimmste galt: Heine war Jude.

»Denk ich an Deutschland in der Nacht,
So bin ich um den Schlaf gebracht.«

Schon zu Lebzeiten wurde Heinrich Heine unterdrückt und verfolgt. Bis ins Pariser Exil wurden Spitzel auf den widerborstigen Dichter angesetzt.

Das Regime Metternich zensierte und verbot die Verbreitung seiner kritischen Schriften. Die Reaktionäre, Antisemiten und Nationalisten bedachten ihn mit den schmutzigsten Beschimpfungen. Besonders hervor taten sich der Historiker Heinrich von Treitschke, der Pfarrer Friedrich Frey und der Literaturwissenschaftler Adolf Bartels:

– »Nach Germanenart zechen vermochte der Orientale nicht!«
– »Heine hat niemals ein echtes deutsches Trinklied gedichtet!«
– »Fremd und teilnahmslos steht der Jude inmitten einer Gesellschaft, die er nicht versteht, mit deren Neigungen und Bestrebun-

gen er nicht sympathisiert, deren Geschichte und Entwicklung ihm gleichgültig geblieben ist.«

– »Der jüdische Künstler wächst nur dort, wo die Kunst wurzellos geworden ist.«

– »Heinrich Heine, der Schmutzfink im deutschen Dichterwalde!« Nichtsdestotrotz war Heine populär wie kein Zweiter und einer der beliebtesten deutschen Dichter. Alt und jung liebte seine Verse und selbst jeder noch so deutsche Gesangsverein sang seine Lieder.

Dennoch: Ein Denkmal mochte ihm seine Heimatstadt Düsseldorf lange Zeit nicht setzen.

1887 nicht:

– »Begeistert tritt die akademische Jugend ein für jedes vaterländische Unternehmen ... aber nie und nimmer wird sie auch nur einen Pfennig opfern zu Ehren Heinrich Heines!«

1893 nicht:

– »In der Nähe des Kriegerdenkmals kann unmöglich ein Heine-Denkmal stehen!« Und obwohl sich selbst Bismarck und die Kaiserin Elisabeth – »Sisi« – von Österreich zusammen mit dem damaligen »Dichterfürsten« Paul Heyse für eine Ehrung einsetzten, wurde auch 1906, zum fünfzigsten Todestag nichts daraus:

»Für uns Deutsche wäre das Heine-Denkmal, im Namen des deutschen Volkes errichtet, die ärgste Beschimpfung, die man uns antun kann, Schmach und weiter nichts als Schmach. Denn was war der Inhalt dieses Heine-Lebens? In der Jugend ist er ein frecher Judenlümmel gewesen; später ein matter Bourgeois; und zum Schluss ein kaputter Lebemann.« So ein deutscher Literaturprofessor, ein eingefleischter Nazi und Rassist, ebenso wie Julius Streicher, der 1926 im antisemitischen Hetzblatt »Der Stürmer« schrieb: »Die Gräber der deutschen Helden des Weltkriegs verkommen und für die Judensau auf dem Montmartre wirft man das Geld der deutschen Steuerzahler zum Fenster hinaus.«

Es folgte das Dritte Reich, die Bücherverbrennung, bei der die Nazis auch Heines Werke ins Feuer warfen, 1938 die »Kristallnacht«, die Verbrennung der Synagogen und der millionenfache Massenmord – das hatte er schon ein Jahrhundert zuvor gesagt: *»Dort wo man Bücher verbrennt, da verbrennt man am Ende auch Menschen«* (Almansor,1821) – womit er zugleich auch christliche Mordbrennerei durch die »Heilige Inquisition« und nationalistische Zündelei auf dem *Wartburgfest* erinnerte. 1933 also hatte sich Heines Menetekel bewahrheitet, hatte die Barbarei eine neue Stufe erreicht.

Nur auf die vielvertonte »Loreley« mochten die braunen Banausen doch nicht ganz verzichten. Als Verfasserangabe hieß es in den Schullesebüchern jener Tage: »Altes deutsches Volkslied. Dichter unbekannt.«

Doch auch Jahrzehnte nach dem Ende der Nazidiktatur herrschte der alte Ungeist noch, wurde in der Bundesrepublik weiter gegen Heine gehetzt, kam es zum internationalen Skandal, als sich die große Mehrheit der Professoren weigerte, die Düsseldorfer Hochschule in Heinrich-Heine-Universität umzubenennen. Der Name wäre nämlich auch ein wunderbares Programm für eine neue demokratische und aufklärerische Universität gewesen, denn Heine hatte bereits in seiner Schrift »Zur Geschichte der Religion und Philosophie« eine Wissenschaft gefordert, die nicht länger an den Interessen der Bevölkerung vorbeidoziert. »Was helfen dem Volke die verschlossenen Kornkammern, wozu es keinen Schlüssel hat?«

In den in- und ausländischen Feuilletons galt die professorale Ablehnung als Beweis, dass der braune Ungeist der Bücherverbrenner auch in der Bonner Demokratie noch mächtig war:

»Der Schoß ist fruchtbar noch, aus dem das kroch!« hatte Bertolt Brecht, gleichfalls ein verbrannter und verbannter deutscher Dichter schon frühzeitig vor den Immer-noch- und Neonazis gewarnt. 1988 endlich – 45 Jahre nach der Bücherverbrennung – hatten die

Düsseldorfer Studenten zusammen mit einer breiten Bürgerinitiave den Sieg über die Ewiggestrigen errungen und die Schmach getilgt.

(Michail Krausnick: Heinrich Heine 1972, Funkkabarett »Die Zeitbrille« des SDR Heidelberg, 1972, Sprecher: Hanns Dieter Hüsch; vgl. auch Otto Schönfeldt (Hrsg.) »Und alle lieben Heinrich Heine...«, Köln 1972 u. die horen 90, Zeitschrift für Literatur, IV,73)

**Heinrich Heine 1972**

Der Universitätskonvent
Zu Düsseldorf am Rheine
Beschloss, dass, wenn er sich benennt,
Auf keinen Fall nach Heine...

Weil Heine a) als Demokrat
Und b) als Sozialist
Den Spießern auf die Zehen trat,
Was typisch jüdisch ist.

Auch war er niemals General,
Kein Bismarck und kein Fürstchen,
Drum bleibt er ohne Ehrenmal
Als Hering oder Würstchen...

Der Name Heinrich Heines wär' –
Erkannte man bescheiden –
Für unsereins zu viel der Ehr'
Und tunlichst zu vermeiden ...

Der Universitätskonvent
Zu Düsseldorf am Rheine
Ist in der Tat kein Kompliment,
Auf keinen Fall für Heine ...

Michail Krausnick

# Geköpft in Heidelberg

Philipp Friedrich Schütz († 1812)
ein Dichter der Romantik
oder: Städtische Bühne – wie ein »Blutgericht«
inszeniert wird.

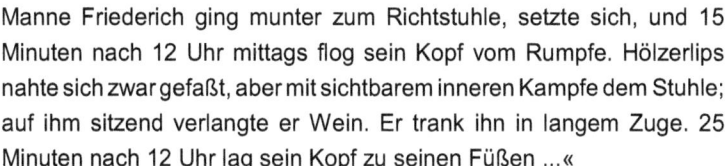

»Heidelberg 31. Juli 1812.
Manne Friederich ging munter zum Richtstuhle, setzte sich, und 15 Minuten nach 12 Uhr mittags flog sein Kopf vom Rumpfe. Hölzerlips nahte sich zwar gefaßt, aber mit sichtbarem inneren Kampfe dem Stuhle; auf ihm sitzend verlangte er Wein. Er trank ihn in langem Zuge. 25 Minuten nach 12 Uhr lag sein Kopf zu seinen Füßen ...«
So vor 200 Jahren eine erste Reportage über die Hinrichtung von vier Raubmördern vor den Toren der Stadt. Über 30000 Zuschauer sollen dabei gewesen sein, wollten »Köpfe rollen« sehen – das bis dato »größte touristische Event« für das nur 9000 Einwohner zählende Heidelberg.
Die blutige Exekution der Spessart- und Odenwaldräuber steht für das Ende der Zeit der großen Räuberbanden zwischen der Französischen Revolution und dem Wiener Kongress. In dieser Epoche des politischen Umbruchs und der Kriege versetzten Räuberhauptleute wie Matthias Fetzer, der Schwarze Malocher, Damian Hessel und der Schinderhannes die deutschen Klein- und Kleckerstaaten jahrzehntelang in Angst und Schrecken. Und literarisch machten Kriminalitätsexperten wie Friedrich Schiller und der Goethe-Schwager Vulpius (Rinaldo Rinaldini) das Räuberthema populär.
Zugleich konnten sich in der »Räuberzeit« auch tüchtige Gendarmen einen Namen machen: neben dem Gießener Hofgerichtsrat von Grolman, dem Darmstädter Peinlichen Richter Brill war es vor allem der Heidelberger Stadtdirektor Dr. Ludwig Aloys Pfister, der als Räuberfänger erfolgreich war.
Als nach dem Überfall auf eine Postkutsche an der Bergstraße einer der Passagiere verstarb, wertete Pfister das unglückselige

Geschehen als brutalen Raubmord und riss die Ermittlungen an sich. Der ehrgeizige Kriminalist organisierte die bis dahin größte Razzia in der Mitte Deutschlands, koordinierte nach französischem Vorbild mit Steckbriefen und reitenden Boten die Zusammenarbeit der Behörden in Königreichen, Großherzog- und Fürstentümern und ließ Verdächtige an der Bergstraße, im Spessart, Odenwald, Kraichgau und in der Rheinebene in Haft nehmen. Zunächst einmal waren das alle Arbeits- und Obdachlosen, die als Vaganten, Bettler und Hausierer auf der Straße lebten. Schätzungsweise jeder sechste in Deutschland gehörte damals zum Millionenheer der Armut.

Die Gefängnisse füllten sich. Die Hauptverdächtigen beorderte Dr. Pfister als Untersuchungsrichter nach Heidelberg und verhörte sie im Rathaus. In fünf Monaten gelang es ihm, den »Hemsbacher Raub« lückenlos aufzuklären und sechs Täter zu überführen. Das Mannheimer Oberhofgericht fällte das Todesurteil, der Badische Großherzog bestätigte und Pfister machte sich sofort daran, für »seine Heidelberger« ein einzigartiges Spektakel zu inszenieren. Darüber hinaus hatte der Räuberfänger auch literarische Ambitionen. Sein logistisches Meisterstück der polizeilichen Vernetzung und seine spezielle Verhörtaktik würdigte und verbuchte er selbst: »Aktenmäßige Geschichte der Räuberbanden an den beyden Ufern des Mains, im Spessart und im Odenwalde. Enthaltend auch die Geschichte der Beraubung und Ermordung des Handelsmannes Jacob Rieter von Winterthur auf der Bergstraße. Vom Stadtdirector Pfister zu Heidelberg. Heidelberg 1812.«

Dieses und weitere sechs Bücher wurden deutschlandweit zu Bestsellern. Goethe, Wilhelm Hauff, Johann Peter Hebel, Bettina von Arnim u.v.a. gehörten zu den Lesern. Sozial- und zeitgeschichtlich sind Pfisters »Merkwürdige Criminalfälle« in sechs Bänden bis heute ein aufschlussreiches Dokument, Hauffs »Wirtshaus im Spessart« und Hebels »Zundelfriedergeschichten« fanden reiche Beute bei den Odenwaldräubern.

(Wenn wir mit dem Heidelberger Blutgericht das Ende der *Räuberzeit* terminieren, so hat dies mehrere Gründe. Zum einen wurde den Feld-, Wald- und Wiesen-»Räubern« dank Zusammenarbeit und polizeilicher Neuorganisation in den deutschen Kleinstaaten tatsächlich das Handwerk gelegt. Die Kriminalität verlagerte sich in den folgenden Jahrzehnten von den Landstraßen und Wäldern zunehmend ins Dickicht der Städte. Ein weiterer Grund: die deutsche Armut migrierte massenhaft ins industriell entwickeltere Ausland: in die Schweizer Fabriken und Manufakturen, nach England, Frankreich und Amerika. Bis auch hierzulande die Industrialisierung und Proletarisierung allmählich voranschritt.)

Für sein Hinrichtungsfest entwickelte der Räuberfänger ein eigenes Ritual, das wie ein antikes Trauerspiel per Furcht und Mitleid eine *Katharsis* (Reinigung) im Publikum bewirken sollte. Mit diesem Konzept wollte sich Pfister bewusst von den andernorts üblichen volksfestartigen Hinrichtungsorgien absetzen. Eine »sittigende Wirkung« – gerade für Schüler und die akademische Jugend – war angestrebt.

Bis ins kleinste Detail plant der rührige Stadtdirektor. Als Vorsitzender des Blutgerichts ist er nicht nur Hauptdarsteller, sondern auch Autor, Regisseur, Bühnen- und Kostümbildner. Pfister lässt schwarzverkleidete Podeste für die Urteilsverkündung und ein Blutgerüst bauen, Tribünen für Akademiker und Standespersonen errichten und für die Hinzurichtenden entwirft er weiße Sterbekleider und Sterbemützen. Am Rathausbalkon werden rote Blutfahnen gehisst. Geschäftstüchtig lizensiert er Stände für den Verkauf von Getränken und Erfrischungen, Kupferstichen, Programmheften und Büchern, lässt die Todgeweihten in ihren Zellen (im Brückentor, Karlstor, Mannheimer Tor) porträtieren, ordnet an, keinen Branntwein auszuschenken. In Heidelberg soll es seriös zugehen.

Alles ist minutiös organisiert. Auch die Rolle der Seelsorger und das Glockengeläut »von allen Türmen der Stadt«. Und schließlich ruft der Stadtdirektor im Heidelberger Wochenblatt die Bevölkerung zu einer Sammlung für die Witwen und Waisen auf.

Drei Akte hat das Schauspiel.

## 1. Akt. Verkündung des Todesurteils

31. Juli 1812.10 Uhr.

»Der Marktplatz zwischen Rathaus und Heiliggeistkirche ist überfüllt von Menschen, auch in den Fenstern der umliegenden Häuser drängen sich die Schaulustigen, berittenes Militär hat alle Mühe, die für die Ehrengäste reservierten Plätze vor dem Ansturm des Pöbels zu sichern.«
Unter Glockengeläut betreten in feierlichem Zug der Bürgermeister, der gesamte Stadtrat und das Hohe Gericht das Podest zwischen Rathaus und Herkulesbrunnen. Die Richter legen ihre Degen auf dem Gerichtstisch kreuzweise übereinander. Kurz darauf erscheinen, begleitet von ihren Seelsorgern die sechs gefesselten »Raubmörder« in weissen Sterbekleidern. Mit dem Rücken zur Kirche werden ihnen Plätze dem Gericht gegenüber angewiesen. Mit einem Trommelwirbel beginnt die Zeremonie.
Vier Gerichtsdiener schlagen nacheinander mit ihren Stäben dumpf auf und rufen: »Stille! – Stille! – Stille! – Stille!«
Nachdem Dr. Pfister als Präsident des Blutgerichtes die Anwesenheit des Gerichts festgestellt hat, erhebt er sich mit entblößtem Haupte, den Gerichtsstab als Zeichen seiner Würde in der Hand.
»Im Namen des allmächtigen Gottes, des Obersten der Richter, welcher die Herzen und Nieren der Menschen ergründet und die Haare auf ihren Scheiteln gezählet hat,«
(Schlag mit dem Stabe)
»Im Namen seiner Königlichen Hoheit, Carls von Gottes Gnaden, Großherzoges zu Baden, Herzogs zu Zähringen, Landgrafen zu Nollenburg, Grafen zu Hanau,(...) unseres allergnädigsten Fürsten und Herrn.«
(Schlag mit dem Stabe)
»Und kraft meines Amtes ist dieses Blutgericht eröffnet!«
(Dreimaliger Schlag mit dem Stabe)

Was Dr. Pfister aus mittelalterlichen und neuzeitlichen Hinrichtungsprotokollen zusammengebastelt hat, manifestiert traditionsgemäß die Allmacht des Staates über Leben und Tod, ist aber zugleich auch eine Gelegenheit, sich selbst »alleruntertänigst« als loyaler Beamter zu profilieren. Als Stadtdirektor ist er vor Ort der Statthalter des Großherzogs und weiß nur allzu gut, dass Carls noch recht junge königliche Herrschaft schwächelt und eher von Napoleons als von Gottes Gnaden stammt.

Die Richter setzen sich wieder. Die sechs Delinquenten werden aufgefordert, sich zu erheben.

»Mit dem Schwerte sollet ihr also hingerichtet werden – vom Leben zum Tode! – Gerecht, in höchstem Grade gerecht ist dieses Urteil! – Verdient von euch, verdient in höchstem Grade ist diese Strafe! Euer Leben ist verwirkt – auf dieser Erde ist für euch keines Bleibens mehr!«

Der Amtsdiener überreicht den Urteilsstab. Dr. Pfister hält ihn über die Köpfe der Verurteilten:

»Ich zerbreche mit diesem Stab zugleich das Band zwischen der Menschheit und euch. Nur bei Gott könnet ihr noch Gnade finden! Wehe über euch! Wehe! Wehe!!«

Die Gerichtsdiener wiederholen: »Wehe! Wehe! Wehe! Wehe!«

Als viermal das schauerliche *Wehe!* über der ergriffen schweigenden Menge erschallt, sackt plötzlich der jüngste der Raubmörder in sich zusammen und kann nur mit Mühe auf seinem Stuhl gehalten werden. Als wäre es inszeniert, erhält der Vorsitzende des Blutgerichts in diesem Moment ein versiegeltes Schreiben, entrollt es, liest, nimmt einen Schluck Wasser und verkündet:

»Allmächtiger! Allgütiger! Allbarmherziger Gott! Ich danke dir mit gerührtem Herzen, dass du mich das Härteste vollbringen ließest,– und nun bitte ich dich: verleihe mir auch die Gnade, dass ich das vollbringe, was so mancher Redliche in dieser Menge wünscht, ... und was der gnädigste Wille meines erhabensten Souveräns, unseres durchlauchtigsten Fürsten ist: Andreas Petry und Sebastian Lutz – euch ist das Leben geschenkt!«

Die Begnadigung in letzter Minute ist der Höhepunkt des ersten Aktes. Der zeitgenössische Reporter berichtet:

»Tränenden Auges, mit erhöhter Stimme kam ihm das über die Lippen, dem würdigen Richter, der seine Rührung selbst nicht zu verbergen vermochte. Lauter Jubel überall in der Menge; so mancher mag da wohl insgeheim mit den beiden – noch so jungen – Gestrauchelten gehofft haben. Und nicht enden wollen die Hochrufe: Es lebe der Großherzog, er lebe hoch!«

## 2. Akt – Die Fahrt zum Richtplatz

31. Juli 1812. 11Uhr.
Die Begnadigten fallen sich in die Arme. Auch die vier Älteren, die sich selbst immer für »diese Buben« eingesetzt hatten, zeigen deutlich ihre Freude. Mannefriedrich, Matthes Österlein, Veit Krämer und Hölzerlips werden von ihren Ketten befreit, mit Stricken neu gebunden und zu den Schinderkarren gebracht, auf denen sie neben ihren Seelsorgern Platz nehmen. Kirchenrat Wolf, Stadtpfarrer Dittenberger und Kaplan Holdermann hatten fünf Tage lang die »seelsorgerische Bearbeitung« übernommen und die Delinquenten – unter anderem mit einem Abendmahl – auf die Hinrichtung vorbereitet. Auch das gehört zu Pfisters Konzept: nicht widerspenstig und verstockt, sondern ruhig und gefasst, als reuige Sünder will er »seine Raubmörder« der Menge präsentieren.
»Denn ausgesöhnt mit der Menschheit werdet ihr bald in eine neues Leben treten«.
Magistrat, Gericht und Ehrengäste steigen in ihre Kutschen. Gemeinsam formieren sie sich, begleitet von drängenden und schiebenden Massen, unter Glockengeläut zu einer feierlichen Prozession. In der Hauptstraße bilden Schaulustige in Viererreihen Spalier. Immer wieder müssen die Kutschen und Schinderkarren Halt machen – so der Berichterstatter. Den Gästen und den Verurteilten werden dabei kleine Erfrischungen gereicht, Konfitüren, Kirschen, aber auch Wein zur Stärkung. Vor dem »Haus zum Riesen« erhebt sich Hölzerlips und hält mit gefesselten Händen eine letzte Rede:
»Liebe Heidelberger! Viel Gutes habe ich in Heidelberg genossen, und danke euch dafür! Wenn die Not nicht gewesen wäre, so hätte ich auch

gern einmal in solch einer schönen Stadt eine Wohnung gehabt. Denn in meinem ganzen Leben ist es mir noch nie so gut gegangen wie in eurem Gefängnis, wo ich von allen Sorgen um meinen und den Lebensunterhalt der Meinigen befreit war. Und jetzt noch diese schöne Totenfeier – ich werde sie mein Lebtag nicht vergessen!«

Der Richtplatz lag 1812 vor den Toren der Stadt auf freiem Feld, mit Blick auf Bergstraße und Odenwald. Etwa dreißigtausend Menschen haben sich vor dem sechs Fuß hohen Blutgerüst versammelt. Es ist mit schwarzem Tuch umhangen und mit einer Falltüre versehen, durch welche man die Körper und Köpfe der Enthaupteten hinterher in einen verdeckten Behälter unter dem Gerüste schaffen kann.

## 3. Akt. Das Schwert des Scharfrichters

31. Juli 1812. 12 Uhr mittags.

Der Höhepunkt des Dramas gehört dem Schwert des Scharfrichters. Er heißt Franz Wilhelm Widtmann und wird später in Mannheim als Henker des Kotzebue-Mörders Carl Ludwig Sand ein weiteres Mal im Rampenlicht der Geschichte stehen.

Philipp Friedrich Schütz nimmt als erster auf dem Richtstuhl Platz. Neben ihm steht der Pfarrer.

Während ihm von den Henkersknechten das rote Bluttuch um den Hals gelegt und im Nacken das Haar geschoren wird, fragt der Pfarrer, ob er bereit sei.

Mannefriedrich antwortet:

»Ich bin bereit. Ich fürchte mich nicht. Meine Sünden sind mir vergeben! Grüßen Sie mein Cathrinchen noch vieltausendmal von mir.«

Als ihm eine schwarze Binde vor die Augen gebunden wird:

»Gute Nacht, du elende, du erbärmliche Welt. Mit dir habe ich nichts mehr zu schaffen!«

Er beginnt mit steigender Stimme zu beten. Stadtdirektor Pfister gibt dem Scharfrichter einen Wink, das Schwert blitzt in der Sonne und mit den Worten »Herr Jesu, dir leb ich...« fällt der Kopf und hoch sprudelt das Blut auf. Seine lächelnde Miene ist auch im Tode nicht verändert.

Es ist 12 Uhr 15.
Die blutige Stätte wird mit Sand bestreut und der zum Bandenchef erklärte Georg Philipp Lang, vulgo *Hölzerlips*, als nächster zum Richtstuhl geleitet.

## Epilog

Dass mit Philipp Friedrich Schütz, vulgo *Mannefriedrich*, an diesem Tage ein Dichter, Märchenerzähler und Liedermacher geköpft wurde, dessen Verse durchaus in des *Knaben Wunderhorn* der Heidelberger Romantik gepasst hätten, wissen nur wenige. Immerhin hat Pfister einige seiner Lieder und Gedichte von der Kerkerwand abschreiben lassen. Manche der Lieder sind in Rotwelsch, der Sprache der Fahrenden, Entrechteten und Vaganten geschrieben, wurden den Gerichtsakten beigefügt und sind so als einzigartige Zeugnisse der Vagantenliteratur erhalten geblieben. Darunter ein *Abschiedslied* für seine Frau und seine Kinder, ein Puppenspiel und das *Lied vom Hemsbacher Raub* mit dem Refrain:

»Die Armuth, die war freylich schuld,
weil man sie nicht mehr hat geduld`t.
Die großen Herrn sind Schuld daran,
dass Mancher thut, was er sonst nicht gethan.«

Auch das *Abschiedslied*, das Philipp Friedrich Schütz in der Nacht vor seinem Tode schrieb, hat der Stadtdirektor den Akten beigefügt
»nicht, weil diese Lieder irgendeinen dichterischen Wert hätten – aber als eine Seelenkunde des Verbrechens, um der Nachwelt zu zeigen, welch

wirre und widersprüchliche Gefühle hier in der Brust eines Raubmörders zusammentrafen!«

ABSCHIEDSLIED

Leb wohl, mein lieb' Cathrinchen:
Es kommt nun bald die Zeit,
Die Dich, mein schönes Blümchen
Von mir in Thränen scheid't.
Denk an die früheren Zeiten,
Die ich schon oft bedacht,
Die wir in Freud und Leiden
Oft haben zugebracht!

Viel Seufzer tu ich schicken
Zu Dir, geliebtes Kind!
Könnt'st Du sie nur erblicken,
So wär Dein Herz entzünd't.
Oft fühl in Deinen Armen
Ich in dem Traume mich,
Empfinde Dein Erbarmen
Und glaub: Du tröstest mich.

Drum schlag, mein liebes Weibchen,
Die Trauer aus dem Sinn
Und denk in größter Freude,
Dass ich gefangen bin!

Das Herz möcht mir zerbrechen,
Ja, das muß ich gesteh'n
Weil ich dich nicht darf sprechen
Dich nicht einmal darf seh'n.
Wer weiß, was uns noch blühet,
Was unseren Gott gefällt,

Wo eins das Andere siehet
Hier und in jener Welt.
[...]
Zum Ende lass' uns denken
An Jesu Martertod
Der unsre Seel wird senken
In seiner Wunden Roth;
Drum hab' ich an sein Leiden
Schon oftermahl gedacht.
Nun Jesu muß ich scheiden; –
Mein Weibchen gute Nacht!

Außerdem ist ein *Kartenspiellied* überliefert, das von Peter Petry, einem Schicksalsgefährten und Raubgenossen erzählt. Auch Petry war zum Tode verurteilt worden, aber das war lange her. Auf ihn, ein flüchtiges Mitglied der Schinderhannesbande, wartete in Mainz, das damals Mayence hieß, schon seit über einem Jahrzehnt die Guillotine. Allerdings mochten sich die französischen und die großherzoglich badischen Behörden nicht einigen, wer die Kosten für Gefängnis und Hinrichtung tragen sollte. Und so kam es zu einem umfangreichen Schriftverkehr, man schob sich gegenseitig den »Schwarzen Peter« zu. Dazu entwickelte Philipp Friedrich Schütz mit den anderen Todeskandidaten am Ende ein gemaltes Kartenspiel, in dem alle Mitglieder der Bande gewürdigt wurden, und das ihnen die Langeweile in den Mannheimer und Heidelberger Gefängnissen vertreiben sollte. Das *Kartenspiel vom Schwarzen Peter* ist bis heute in aller Welt bekannt.
(*Magazin* Rhein-Neckar-Zeitung, Heidelberg, 31. Juli 2012 )

# Und wenn sie nicht gestorben sind!
## Die Märchen der Brüder Grimm (1785/86 – 1863/59)

Eigentlich waren es ja fünf Brüder, und dazu noch eine Schwester namens Charlotte. Bekannt und auf dem 1000-DM-Schein abgebildet sind aber nur die beiden ältesten, die Märchenbrüder Wilhelm und Jacob Grimm. Die beiden haben nicht nur im Zeitalter der Romantik alte Volksmärchen gesammelt, bearbeitet und als immergrünen Bestseller herausgegeben, sondern waren auch bedeutende Wissenschaftler, die Begründer der Germanistik. Neben den »Kinder- und Hausmärchen«, die 1815 erschienen, lauschten sie auch viele andere Schnurren und Sagen den Menschen aus dem einfachen Volke ab, gaben dem Erzählten aber auch ihre eigene Form, gestalteten sie mit solcher Sprachgewalt um, dass sie unsterblich wurden und Generationen prägten. Als Professoren wirkten sie in Göttingen, hielten Vorlesungen, verfassten eine Deutsche Grammatik und schufen das Grimm'sche Wörterbuch, eine enorme Fleißarbeit, an der hundertzwanzig Jahre lang ganze Heerscharen von Germanisten gearbeitet haben, bis 1961 der letzte (32.) Band erscheinen konnte.

Unpolitisch, wie man sich das bei einem Professor oft vorstellt, waren sie allerdings nicht, sondern mutige Demokraten. Als der Herr der Universität, der König von Hannover, Ernst August II., sich weigerte, die verfassten Grundrechte des Volkes von 1833 anzuerkennen, empörten sie sich und gehörten mit anderen Professoren zu den »Göttinger Sieben«, wurden aus ihren Ämtern entlassen und aus dem Königreich verjagt. Erst einmal ohne Gehalt, setzten sie dennoch ihre Arbeit fort und wurden 1840 an die Berliner Universität berufen. 1848 wurde Jacob Grimm als Abgeordneter in das erste deutsche Parlament in der Frankfurter Paulskirche gewählt. Wilhelm Grimm starb 1859, Jacob 1863.

Mein Vater las sie mit außerordentlichem Vergnügen vor. Die Märchen, die Wilhelm und Jacob Grimm dem Volksmunde abgelauscht, gesammelt und in einer eigenartigen Sprache neu geformt hatten. Eigentlich liebte ich als Pastorenenkel mehr die Bibel, die orientalischen Märchen ...

Während mein Vater las, spielte meine Schwester sorglos mit ihren Puppen und hörte kaum hin. Ich aber war seinen Märchentorturen ausgesetzt. Und soll sehr große Augen gehabt haben. Mein Vater las sie mir mit mehr Freude vor, als ich beim Zuhören empfand. Vor allem liebte er die grausamen Geschichten mit den Menschenfressern.

Aber das Grimmsche Gebrüder liebte das wohl ebenso.

Auch wenn mein Vater Kasperltheater vorspielte, galt seine Vorliebe den Drachen, bösen Hexen, Zauberern und Kannibalen. Schöne Prinzessinnen, Feen, Elfen, selbst Kasperl und Gretel interessierten ihn weniger.

»Ich rieche, rieche Menschenfleisch.«

Da wurden Kinder mitten im Wald ausgesetzt, eine alte Frau verbrannt, die Oma vom Wolf verschlungen, ein kleines Brüderchen gekocht, rollten die Totenköpfe. Da war zumindest Blut im Schuh oder hing ein sprechender Pferdekopf an der Wand. Für uns Kinder war es die Nahrung ungezählter Albträume. Ein Horrorvideo in endloser Schleife.

Mich faszinierte aber doch, wie mein Vater mit den Augen rollte, mit den Zähnen fletschte, mit der Stimme kiekste, knetterte und knörte. Wie es rumpelte und pumpelte im Magen des zickleinfressenden Wolfs. Mich freute, wenn mein Vater dabei aufblühte, ein ganz anderer, nein, viele ganz andere werden konnte. Ich bestaunte seine Schauspielkunst. Und so sehr mich auch wunderte, welchen Spaß er an meinem Entsetzen hatte – irgendwie gefiel es mir ja doch: sein verändertes Sprechen, die wundersame Sprache, die merkwürdigen Slogans:

»Und wenn sie nicht gestorben sind...«

Am Galgen aber schaukelten die Gehenkten im Wind. Und über ihnen kreisten die Raben. Verwunschene, verzauberte Gebrüder. Oder Prinzen. Oder Prinzessinnen. Immer wieder sollte ich zuhören, gruselte und wunderte mich über den kindischen Vater.

Meine Angst machte ihm Spaß. So wie es ihm Spaß bereitete, wenn mir in der Schiffsschaukel die Knie weich oder beim Achterbahnfahren übel wurde. Ich glaube, ich gönnte ihm schon damals die Pose des furchtlosen Helden. In Wirklichkeit war *er* ja das Kind. Ich hatte ihn durchschaut. Ich war nun mal eines jener undankbaren Kinder, die im Kettenkarussell mehr ans Abstürzen als ans Fliegen denken.
Später, als ich kein Kind mehr war, hatte mein Vater den Satz aufgeschnappt, dass Kinder Märchen bräuchten. Ich widersprach. Auch keine Weihnachtsmänner! Das hat ihn geärgert. Es wäre gelogen, ich wäre begeistert gewesen.
Ich schüttelte den Kopf heftig, er schüttelte den Kopf traurig.
Vermutlich hatte er es als seine pädagogische Aufgabe angesehen, mich das Gruseln zu lehren. Mir eine Mutprobe abzuverlangen. Als Mannbarkeitsritual.
Mein Vater jedenfalls hatte weiterhin sein Vergnügen an den Gebrüdern. Es blieb sein Lieblingsbuch. Vielgelesen, abgegriffen. Der Buchrücken längst aus dem Leim, der Schutzumschlag speckig.
Es war einmal ... die märchenhörige Generation meiner Eltern ...
In den Straßen sah man damals viele Menschen ohne Bein, ohne Arm. Andere hatten zerschossene Gesichter oder Glasaugen.
Und mein Englischlehrer einen Splitter im Kopf, der bei Wetterwechsel zu wandern begann.
Schuld war meistens der *böse Russe*.
Weil er uns alle vor Stalingrad verteidigt habe, war es für die ganze Familie Ehrensache, zu dem einarmigen Zahnarzt zu gehen und ihm wenigstens so den Dank des Vaterlandes abzustatten. Der Kriegsheld gab mir den Befehl, absolut still zu halten und kein Kind mehr zu sein. Dann legte er mir seine lederne Linke auf die Schulter, klemmte meinen Kopf in der Prothese fest und setzte mit der Rechten zitternd den Bohrer an. Ich schloss die Augen und mir gruselte ...

Auf dem Schuttberg, aus dem später das Niedersachsenstadion werden sollte, spielten wir Räuber und Gendarm und in den unterirdischen Bunkern der Eilenriede suchten wir mit der Taschenlampe nach Leichen. Der Massenmörder jedoch, vor dem die ganze Stadt zitterte, hatte als Frau verkleidet seine Opfer angelockt, ausgeraubt und im Altwarmbüchener Moor versenkt.
Eines Morgens, als wir die uralte Eiche am Kreuzweg erreichten, hielt mir meine Tante die Augen zu. An einem Ast baumelte ein Mann, den alle kannten. Ein Nazi-Bonze, der Angst vor dem Prozess hatte. Von Auschwitz wusste ich damals noch nichts.
Und wenn sie nicht gestorben sind ...
Irgendetwas, von dem mein Vater mir nie richtig erzählt hat, muss auch er damals erlebt haben.
Jahrzehntelang war das Grauen verdrängt gewesen. Doch sterbenskrank hatte er Albträume, quoll es aus ihm heraus. Kaum verständlich murmelte er immer wieder etwas von einem idiotischen Befehl, einer Strafkompanie, von zerfetzten jungen Männern, eigentlich noch Kindern, die eine Eisenbahnüberführung gegen heranrückende Panzer verteidigen mussten. Ich kann es mir kaum noch zusammenreimen.
Aber das waren doch noch Kinder!, seufzte er immer wieder, rollte die Augen und atmete schwer. Hatte er in den letzten Kriegstagen einen unsinnigen Befehl weitergegeben? Oder verweigert? Oder vielleicht nicht den Mut gehabt, feige zu sein?
Da jedenfalls hatte er es zurückbekommen, war in seinen Augen die Angst, die er mir damals immer so gern gemacht hätte. Der Schweiß stand auf seiner Stirn. Dieses letzte »Märchen« hat er nicht mehr zu Ende erzählt.
Aufgebahrt wie Schneewittchen sah ich ihn das letzte Mal in der Leichenhalle. Das vergiftete Apfelstück war ihm im Halse stecken geblieben.
(Beitrag zu einer Autorenumfrage des Verlages Beltz&Gelberg zum Thema »Brauchen Kinder Märchen?«, 1995)

**JOHANN GEORG AUGUST WIRTH** (1798 – 1848)

»*Die Menschen bleiben arm und unmündig ohne Preßfreiheit*«

Als Autor von historischen Lebensgeschichten verstehe ich Geschichte nicht als etwas Museales, in Kapiteln oder Epochen Abgeschlossenes oder Abschließbares, sondern als etwas an und in Widersprüchen Wachsendes, als lebendigen Fluss, der auch unsere Gegenwart und Zukunft berührt. Auch und vor allem, wenn es um Menschenrechte, soziale Gerechtigkeit und Freiheit geht.
Meine Biographie über Johann Georg August Wirth verstehe ich daher auch als Zeitreise in die Gründerzeit unserer heutigen Gesellschaft, in eine Zeit mit erstaunlichem Fortschrittsoptimismus, in eine Zeit, in der, naiv und märchenhaft gesprochen, das Wünschen noch geholfen hat, zumindest das Hoffen auf Veränderung und Verbesserung der Zustände. Denn überall in Europa konnte damals das Volk die Mächtigen ja immerhin noch das Fürchten und Zittern lehren.
Im Mai 2012 ist es genau 180 Jahre her, dass in der Pfalz auf dem Hambacher Schloss bei Neustadt eine erste große Volksversammlung von geschätzt 30000 Menschen den Beginn einer neuen Zeit signalisierte: endlich forderten auch die Deutschen massenhaft ihre Bürger- und Menschenrechte ein.
Führend in dieser Bewegung war (neben Philipp Jakob Siebenpfeiffer) vor allem Johann Georg August Wirth, ein Jurist und Publizist, der in Homburg die Deutsche Tribüne herausgab, eine Freiheitszeitung von europäischem Format, die auch von den ver-

bannten Dichtern und Denkern im Exil gelesen wurde, z.B. in Paris von Ludwig Börne und Heinrich Heine, der sich wunderte. Wirth und die Tribüne erschienen ihm als ein kaum glaublicher Traum: »Noch immer, wenn ich meine deutschen Republikaner betrachte, reibe ich mir die Augen und sage zu mir selber: Träumst du etwa? Lese ich gar die 'Deutsche Tribüne' , so frage ich mich: Wer ist denn der große Dichter, der dies alles erfindet? Existiert der Doktor Wirth mit seinem blanken Ehrenschwert? Oder ist er nur ein Phantasiegebilde...? Dann aber fühle ich wohl, daß unsere großen Poeten keine so bedeutende Charaktere darstellen können und daß der Doktor Wirth wirklich leibt und lebt, ein zwar irrender, aber tapferer Ritter der Freiheit, wie Deutschland deren wenige gesehen, seit den Tagen Ulrichs von Hutten.«

Deutschland damals war, auch das ein Ergebnis unserer Zeitreise, noch gar nicht vorhanden, ein Flickenteppich, beherrscht von 34 Monarchen: industriell rückständig, Zollschranken, unterschiedliche Währungen, Misswirtschaft, arm, ein Entwicklungsland. Denken wir an den Weberaufstand, die Amerikaauswanderer oder die Hungersnöte im Odenwald – Helmina von Chezy z. B. schreibt von hungernden, bettelnden Menschen im Fürstentum Leiningen, von Frauen mit Säuglingen an ausgedorrten Brüsten – man denkt an Somalia, Äthiopien... Viele junge Handwerker- und Bauernsöhne lebten dagegen als Armutsflüchtlinge im Ausland, als Migranten und Gastarbeiter in den Fabriken und Manufakturen der fortschrittlicheren Länder. Brüssel, Zürich, Paris, Lyon zählten damals zu den größten deutschen Städten mit deutschen Zeitungen, deutschen Gesangs- und Turnvereinen - und mit den aus Hunger-

Deutschland verbannten Dichtern und Denkern.

Kurzum: übelste Mißstände, die aber im Metternichsystem der Klein- und Kleckerstaaten nicht angeprangert werden konnten, nicht einmal Reformvorschläge hatten eine Chance.

Da bäumte sich in München einer auf und wagte es trotz alledem. Johann Georg August Wirth aus Hof schrieb, was er dachte, zum Beispiel über die Bau- und Verschwendungssucht des bayrischen Königs, die Not der Bevölkerung. Das rief natürlich gleich den Zensor auf den Plan und der strich es ihm weg. An manchen Tagen erschien seine Zeitung *Tribüne* nahezu als leeres Blatt, da erfand er Flugblätter und druckte auf ihnen die verbotenen Artikel. Man sperrte ihn ein, gewitzt verlegte Wirth die Redaktion ins Gefängnis, bis er es endlich begriff und erkannte: neue Medien braucht das Land.

Wirth zog ins liberalere Rheinbaiern, in dem noch Relikte des alten französischen Rechts von Napoleons Gnaden galten. Er wollte nicht mehr abhängig sein von Zensoren und Verlegern, gründete eine *Presse des Volkes*. Dazu gab er Aktien an seine Leser aus, die Leser sollten die Besitzer der Druckmaschine und ihrer Zeitung sein. Solche Erfindungen waren revolutionär: Wirth gründete und nutzte einen »Press- und Vaterlandsverein« für den Vertrieb seiner Zeitung, zum Schutz und zur Verteidigung der Autoren, die Leser waren zugleich Informanten und Mitarbeiter, aber sie sollten dafür auch ihn und die anderen Redakteure kontrollieren und wählen können, – kein Rupert Murdoch und kein Berlusconi hätten da eine Chance gehabt.

»Die Presse die das Volk sich baut, werdet ihr nie zum Schweigen bringen!« schmetterte Wirth den Herrschenden entgegen.

Denn er glaubte an Vernunft und Aufklärung durch das freie Wort. Die neue *Deutsche Tribüne* wurde in kurzer Zeit die führende Zeitung der Demokratiebewegung, der beigelegte *Aufruf an die Volksfreunde* kann sogar als Verfassungsentwurf und erstes demokratisches Parteiprogramm gelten. Und all dies gipfelte schließlich im Mai 1832 in der ersten Großdemo auf deutschem Boden, dem Hambacher Fest, bei dem sich der Wille der Bevölkerung, der Ruf nach Einheit, Recht und Freiheit machtvoll und für alle Zeiten manifestierte.

Natürlich schlugen die Fürsten zurück: Verhaftungen der Redner, Einmarsch bayerischen Militärs, Prozesse mit Verurteilungen bis hin zu Todesstrafen. Die Spitzel und Agenten der ersten deutschen Geheimpolizei, des Mainzer Informationsbüros (MIB), verfolgten europaweit alle Vordenker der Demokratie als Hochverräter und Staatsfeinde. Auch für Wirth begann eine Zeit der Verfolgung und Maulkörbe, zusammen mit seiner Familie nahm er Kerker, Exil und Not in Kauf, in der Gewissheit, die auch Heinrich Heine hatte:

»Was ist denn ein halb oder gar ein ganzes Jahrhundert? Die Völker haben Zeit genug, sie sind ewig; nur die Könige sind sterblich!«

Trotz viereinhalb Jahren Zuchthaus in Kaiserslautern, Exil in Frankreich und der Schweiz blieb Wirth seinen Idealen treu, erlebte die Revolution von 1848 und wurde ins erste Deutsche Parlament gewählt.

Und heute: sollten wir Johann Georg August Wirth nicht nur als einen Sieger der Geschichte und Größten unserer Demokratie festschreiben, sondern seine Ideen und Ideale auch neu überprüfen und überdenken. Vieles ist brisant, aktuell und fragwürdig geblieben. Vieles erneuerbar. Und doch bleibt er ein Vorbild, seine Zeit überragend,nach wie vor. Denken wir an die Bedrohung der Pressefreiheit durch Übermächtige und Überreiche, durch Kommerz und Monopole, an die Macht der Medienmogule – aber auch an die neuen Internet-Möglichkeiten von Öffentlichkeit, Information und Pressefreiheit, die derzeit nicht nur in Nordafrika, Arabien, China und im Iran die Throne heutiger Despoten ins Wanken bringen.

(Anmerkung zur Neuauflage der Biographie: Johann Georg August Wirth – Vorkämpfer für Einheit, Recht und Freiheit, Wellhöfer, Mannheim 2011; Rede zur 180-Jahrfeier das Hambacher Festes, Schloß Hambach bei Neustadt, Mai 2012)

# Richard Wagners Ehrenstuhl

*»An euren Knüppeln klebt das Blut ja noch!«*
... hatte der Räuber Hölzerlips in der Walpurgisnacht 1811 geschrieen. Mein Besuch am Zürichsee hatte viele Gründe. Den ersten Anknüpfungspunkt gab es über mein Räuber-Buch. Dr. Jürg Wille hatte herausgefunden, dass sein Urgroßvater Opfer des Raubüberfalls an der Bergstraße gewesen war: der ehrbare Kaufmann Johann Jakob Rieter aus Winterthur in der Schweiz. Sein Grabstein ist heute noch an der Peterskirche in Heidelberg zu besichtigen: *von Räuberhand erschlagen, tief betrauert von Allen, die ihn kannten.* Die Nachkommen des erschlagenen Kaufmanns sind später zu weltweit operierenden Seidenwarenhändlern und Textilmaschinenfabrikanten aufgestiegen – der Stammvater aber blieb unvergessen: für den Familienkreis hatte Jürg Wille eine Broschüre unter dem Titel *Der schwarze Peter* verfasst, die an den ermordeten Vorfahren erinnern soll. Aber auch an Peter Petry, den Raubgenossen des Schinderhannes und des Hölzerlips, auf den sich das weltberühmte Kartenspiel bezog.

Für die Neuauflage meiner historischen Reportage *Beruf: Räuber* hatte Jürg Wille mir ein Porträt seines gemeuchelten Urgroßvaters versprochen. Damit künftig nicht nur an die Mörder, sondern auch an das unschuldige Opfer erinnert werde.

Den leisen Vorwurf vernehmend, willigte ich ein.

Johann Jacob Rieter (1766 – 1811) ist seither immer dabei.

Jahre später, im Januar 1999, erweiterte sich der Kontakt. Inzwischen war meine Biografie über Georg Herwegh »Die eiserne Lerche« erschienen. Jürg Wille rief mich im Hotel an, schließlich war es nicht zu verheimlichen: ich war auf einer Lesereise durch sein »Revier«, den Kanton Zürich, gastierte in den Schulen am See. Was, wann, wo? – Wille wusste genau Bescheid über meine Zeitfenster und plante mich für einen Besuch in das geschichtsträchtige »Mariafeld« ein. Zu finden wäre das Haus ganz einfach. In Meilen gebe es eine General-Wille-Straße, die zu seinem Anwesen führe. Nummer 165. Dort werde er mich erwarten.

Der herrschaftliche Landsitz Mariafeld liegt unübersehbar in einer, um nicht zu sagen »*der*« unbebauten Lücke in den Weinbergen am See. An der *Goldküste*, wie man das Sonnenufer im Gegensatz zur Schattenseite nennt.

Ein Lehrer zeigte mir von der Halbinsel im See die Landstriche, die im Besitz der Familie sind. Auf der »*Schnupfenseite*« habe ein anderer Zweig der Familie seinen Sitz, der Clan Schwarzenbach-Wille, ebenfalls steinreich und zusammen mit den Mariafelder Willes und den Rieters weltweit tätig. Großindustrie, Zeitungen und Banken stünden unter ihrem Einfluss. Textilfabriken in der ganzen Welt. Auch heute noch.

Die *Schnupfenseite* hat ebenfalls ihre Reize. Zum Beispiel den Blick auf das gewaltige Alpenpanorama. Der Literaturbeflissene findet in der Nähe die Exile von Thomas Mann und Bert Brecht und ein wenig höher das Heimatdorf der Heidi-Dichterin Johanna Spyri. Darunter, auf Gut Bocken habe der reaktionäre Herrenreiter-Clan Schwarzenbach-Wille sein Gestüt gehabt, sei aber auch das »schwarze Schaf« der Familie aufgewachsen, Annemarie Schwarzenbach, die drogensüchtige linke Schriftstellerin und androgyne Freundin von Klaus und Erika Mann. Jeder Literaturfreund bedaure ihren frühen tragischen Tod.

Abschließend wies der Schulmeister auf das prächtige Anwesen am Gestade der *Goldküste* und warnte mich vor den Besitzern. *Wenn Sie nach Mariafeld gehen, lassen Sie sich nicht einwickeln!* Sie sollten wissen: ohne den Willen der Willes geht hüben wie drüben nichts, sie beherrschen den See, sie beherrschen die Stadt. Auch heute noch.

Es habe gerade einen großen Skandal gegeben, der Schriftsteller Niklaus Meienberg hätte sich unrechtmäßig Einblick in geheime Familiendokumente verschafft und viel Schmutz aufgewirbelt. Auch braunen.

Trotz solcher Warnung und Andeutung blieb ich neugierig und wohlgemut. Noch hatte ich ja das Buch mit dem vielversprechenden Titel noch nicht gelesen: *Die Welt als Wille&Wahn.*

Mich interessierte vor allem das 19. Jahrhundert, die Geschichte des Raubopfers, aber auch die des anderen Urgroßvaters François Wille. François, Teilnehmer des Hambacher Festes 1832 und Mitglied des Frankfurter Paulskirchen-Parlaments von 1848, war schon immer ein aufmüpfiger Geist gewesen, befreundet mit Heinrich Heine, Ludwig Börne, an der Göttinger Universität ein Schüler der Brüder Grimm, sowie Kommilitone und Freund von Otto von Bismarck.

Später, als Hamburger Journalist und Literaturredakteur war er selbstverständlich Anhänger des »Jungen Deutschland«, kämpfte für »Preßfreiheit« und zählt zu den Gründern der Wochenzeitschrift DIE ZEIT.

Nach der gescheiterten Revolution von 1848 lebte François Wille im Schweizer Exil und hatte sein prächtiges Landgut am Züricher See erworben.

Der befreundete Dichter Georg Herwegh war dort regelmäßig zu Gast. Darüber hatte ich ein paar Sätze in der Biografie »Die eiserne Lerche« geschrieben. Und war umso gespannter, den historischen Ort nunmehr etwas näher kennen lernen zu dürfen.

Ein legendäres Haus, in dem nach der »gescheiterten« Revolution viele Flüchtlinge zusammentrafen, Achtundvierziger aus ganz Europa, der steckbrieflich gesuchte Komponist Richard Wagner, der Opernhaus-Architekt Gottfried Semper, der Militärhistoriker, Garibaldifan und Guerillakriegsexperte Wilhelm Rüstow. Auch Gottfried Keller und Conrad Ferdinand Meyer zählten zu den Gästen. Den Kern aber bildete ein Freundesbund, die legendäre »Bruderschaft« zwischen Richard Wagner, Georg Herwegh und Franz Liszt.

Zusammen mit seiner kunstsinnigen Frau Eliza führte der vermögende Neu-Schweizer François Wille einen geselligen musikalisch-literarischen, aber auch hochpolitischen Salon, und half den aus ihrer Heimat Vertriebenen. Hier entwickelte sich schon früh ein erster überschwänglicher »Wagner-Kult« – Festspiele und Konzerte erinnern bis heute an den großen Gast, seine Züricher Liebesbeziehung zu Mathilde Wesendonck, seine Freundschaft mit der bildschönen Herrin des Hauses, Eliza Wille, die ihm über ein Jahrzehnt in privaten, schöpferischen und finanziellen Krisen beistand, bis der Bayernkönig Ludwig II. ihn aus mancher Not erlöste. Ein wenig wusste ich noch aus eigener Recherche. Zum Beispiel, dass der Flügel, auf dem Wagner komponierte und aus *Lohengrin* oder *Tristan* vorspielte, noch im Hause steht ...

Und auch der **Ehrenstuhl**, der legendäre Sessel, auf dem Richard Wagner ebenso wie Georg Herwegh in Mariafeld zu thronen pflegte. Wenn sie über Schopenhauers Philosophie, das neue Musiktheater debattierten oder strapaziöse Bergtouren in die Alpen planten.

Kein Zweifel, hier war das 19. Jahrhundert in vielerlei Facetten zu Hause.

Jürg Wille also, Urenkel des großen 48ers, mittlerweile Archivar und Chef des Hauses (»Patron und Seebub«), erwartete mich, deutsche Pünktlichkeit voraussetzend, bereits an der Toreinfahrt und lud mich mit weit ausholenden Gesten ein, statt an der Straße zu parken, durch das geöffnete Tor direkt in den Hof hineinzufahren und vor den Remisen zu halten. Mein kleines Gefährt nahm sich freilich etwas mickrig aus zwischen den Rolls Royce, Porsche,

Jaguar, Mercedes u.a ... Aus den Ställen schauten mir ebenfalls edle 1PS-Pferdekräfte beim Einparken zu. Mehrere kalbsgroße Doggen umringten sofort hechelnd und schnuppernd das ungewohnte Gefährt, zeigten scharfe Zähne und riesige Zungen.

*Ich könne unbesorgt aussteigen, bräuchte keine Angst zu haben.*
Dr. jur. Jürg Wille, einst südamerikanischer Textilfabrikant, später Sothebys-Auktionator, führte mich in sein Heim. Er war 83, hochgewachsen, trotz seines Alters vital und dynamisch. Eine angenehme Stimme und sein wohlwollendes Lächeln nahmen mir schnell die anfängliche Scheu.

Die Wohnung im Erdgeschoss des Hauses erinnerte mich an die Biedermeier-Salons des Kurpfälzischen Museums. Hier schien die Zeit stehen geblieben zu sein. Möbel, Kronleuchter, Tapeten und Vorhänge im besten Zustand, ein Manuskript und Noten von Franz Liszt auf dem Flügel. Ideale Filmkulisse. Gerade so, als könnten Richard Wagner oder Gottfried Keller jeden Moment original hinzutreten. Aber da lag ein Handy auf der Recamiere, eine aktuelle Zeitung in der Bibliothek.

Alles Erstausgaben, signiert, mit persönlichen Widmungen, erläuterte der Hausherr, als ich die Buchrücken bestaunte. Er wusste, was imponieren würde, und blätterte ein »Buch der Lieder« mit Heines Widmung auf. Dann Herweghs »Gedichte eines Lebendigen«. Die »Eiserne Lerche« wird hier also nach wie vor verehrt, konstatierte ich, ebenso wie der Intimfeind des Revolutionsdichters, der erbittert bekämpfte »Eiserne Kanzler«, in dessen »Erinnerungen« sogar ein persönliches Schreiben an *François* steckte. All das ging natürlich viel zu schnell, um es einordnen zu können. Stunden-, tage-, wochenlang hätte ich hier herumschmökern gemocht. Ehrfurchtsvoll registrierte ich kostbar umrahmte Gemälde, Porträts von Eliza und François, aber auch Bilder einer anderen Zeit, Menzel, Lenbach, Hodler vermutete ich, sowie ein strengblickender Mann in herrischer Pose,- wahrscheinlich der *General*. Noch wusste ich allerdings nur wenig von der wahren Bedeutung dieses Herrn und der militärischen Tradition der geschichtsträchtigen, geld- und einflussreichen Familie.

Frau Wille, die liebenswürdige Herrin des Hauses, lud zu Tee und Pflaumenkuchen in den Salon. Kuchen selbstgebacken, mit Schlagsahne. Ideale Großeltern, herzlich, gebildet und weltgewandt, dachte ich und fühlte mich sofort wohl. Es schmeichelte mir, dass meine Gastgeber etliche meiner Bücher kannten, sie sogar *beachtlich* nannten. Obgleich man meine Ansichten nicht immer teilen könne. Das läge wohl am Generationsunterschied, säuselte die Dame des Hauses. Und ihr Mann rückte mit einem, für mich etwas sonderbaren Anliegen heraus:

Das vergoldete Kuchenbesteck, großmütterliches Erbe, zeige das Wappen des Urgroßvaters Graf Bismarck, Teile des zugehörigen Nachtischbestecks trügen dagegen das Wappen des Thurgauer Grafen von Draskovich-Orczy, das wäre doch sehr seltsam, womöglich gäbe es eine Verbindung über den Bodensee nach Konstanz? Ob ich etwas wüsste? Ich hätte doch gerade einen Aufsatz über den Grafen geschrieben, könnte vielleicht in hinterlassenen Briefschaften eine Erklärung finden?

Ich musste gestehen, dass ich mit derartigen familiengeschichtlichen Details überfordert war. Auch Frau Wille meinte, das ginge ja wirklich zu weit, da wäre mit ihrem Mann mal wieder der Familien-Archivar und Auktionator durchgegangen, mich mit solch privatem Kleinkram zu behelligen ...

Der Hausherr nickte, lächelte entschuldigend »Vergebung!«
Als ich nach dem Kuchen an das Fenster trat, um über die Terrasse durch Weinberge hinab zum See zu schauen und zugleich auch einen Blick auf das schneebedeckte Alpenpanorama zu erhaschen, lud mich der Hausherr ein, doch ruhig einmal den berühmten **Ehrenplatz** einzunehmen. Der Fauteuil, wie er ihn nannte, war ein thronartiger Sessel, auf dem um 1850 nicht nur Richard Wagner, sondern auch »mein geliebter Herwegh« gesessen sei. Sicher würde es mir etwas bedeuten. Zur Zeit seiner Urgroßeltern hätten beide ja nicht nur Schaffenskrisen, sondern auch schwere Liebesnöte wegen ihrer verheirateten Geliebten gehabt: Wagner wegen Mathilde Wesendonck, Herwegh wegen Natalie, der Frau seines Freundes Alexander Herzen. Das Möbel habe also grandiose Herzensqualen miterlebt.
François und Eliza hätten viel trösten müssen. So manche Träne sei hier geflossen. Auch später sei dieses Möbel vor allem den besonderen Gästen vorbehalten gewesen.

*Aber bitte, nehmen Sie unbesorgt Platz! Es ist Ihr gutes Recht.*
*Wieso?*
*Nun ja, da Ihre Bücher so oft die Geschichte meiner Familie ...*
Ich gestehe, dass ich besonders vorsichtig auf dem kunst- und kulturträchtigen Möbelstück Platz nahm, doch der Sessel war stramm gepolstert, und für Menschen meiner Maße rückenmäßig ungemein bequem. Er passte wie angegossen. Aber auch Richard Wagner war ja kein Riese.
*Sie fühlen sich wohl?*
Ich nickte.
*»Mein Ehrenstuhl« habe allerdings auch eine Schattenseite – wie alles im Leben – doch davon später...*
*Nur eine kleine kritische Anmerkung noch...*
*Mein neues Buch über Johann Georg August Wirth, den Initiator des Hambacher Festes, wäre vielleicht ein wenig zu wohlwollend geraten. Sein Stammvater François Wille sei nämlich mit Wirth, Venedey und Siebenpfeiffer gut befreundet gewesen, und habe 1832 selbst aktiv am Fest der Deutschen teilgenommen. Im Familien-Archiv gäbe es Briefe, die belegten, dass die Massendemonstration nicht nur einen friedlich demokratischen, sondern durchaus auch einen militanten, wenn nicht gar revolutionären Charakter gehabt habe, dass die radikalen Göttinger Burschenschafter Waffen gesammelt und in die Pfalz geschafft hätten, um für einen Aufstand gewappnet zu sein. Der angeklagte Wirth habe 1833 zwar im Landauer Prozess alles geleugnet und sich friedfertig gegeben. Die königlich-bayerischen Spitzel und Fürst Metternich jedoch hätten es besser gewusst. Eigentlich hätte man den »Hochverräther« erschiessen müssen. Das wäre seinem Urgroß-*

vater aber bestimmt nicht recht gewesen, er sei ja zeitlebens ein Anhänger Wirths und der Demokratie gewesen. Einen Brief Adolph Boehemanns an François, seinen »geliebten, theuren deutschen Mitbruder«, mit der Forderung »*alle Freunde und alle Waffen, die du auftreiben kannst, mitzubringen*« werde er mir trotzdem gern zeigen und kopieren. Selbstverständlich war ich interessiert, damals hätte man gesagt »entflammt«.

Also stiegen wir ins »Allerheiligste« hinab.

Dr. Jürg Wille drückte einige Schalter und Knöpfchen. Ich müsse entschuldigen, wegen dieses linken Journalisten sei jetzt hier alles wie ein Hochsicherheitstrakt, mit Kameras, Bewegungsmeldern und Alarmanlagen abgesichert.

Links führen ein paar Stufen in die Familien- und Literatursammlungen hinauf. Nahezu alles, was ich über das »Junge Deutschland« und den »Vormärz« wissen wolle, könne ich hier finden. Briefe und Dokumente zu Hoffmann von Fallersleben, Georg und Emma Herwegh, Alexander Herzen, Ferdinand Freiligrath, Wilhelm und Jacob Grimm etc. Und natürlich auch die berühmten Wagner-Briefe an seine Urgroßmutter Eliza. Ständig kämen Musikhistoriker, um über Richard Wagner, seine Liebe zu Mathilde, zu Cosima und zum jungen Bayernkönig zu forschen ...

War da was? Was war da?

Wille fand den Brief schnell und kopierte ihn. Ich solle den Waffentransport zum Hambacher Fest unbedingt in die nächste Auflage meiner Wirth-Biografie mit einbringen. Was ich inzwischen selbstverständlich gern getan habe.

Viel zu früh verließen wir den demokratischen Teil des Archivs. Das Gewölbe im ehemaligen Weinkeller gliedert sich in zwei Teile, in einen freiheitlich-künstlerischen um den Urgroßvater, und den preußisch-militärisch-schweizerdeutschen der nachfolgenden Generation. Kleine Kanonen, Ritterrüstungen und historische Waffen aller Art sowie Militärfahnen stehen vor dem schwerverriegelten *Militärarchiv* des Generals. Sicher war dies der brisantere Teil.

Der *General* war der Großvater meines Gastgebers, Ulrich Wille I., Oberkommandeur der Schweizer Armee in der Zeit des Ersten Weltkriegs, eine historische Persönlichkeit. Und seine Großmutter, die *Generalin*, sogar eine geborene von Bismarck. Kaiser Wilhelm II. wäre sogar höchstselbst Gast in einer der Züricher Stadtresidenzen der Familie, der prächtigen Villa Wesendonck-Rieter gewesen. In seiner Familie sei es Tradition gewesen, für ein paar Monate als Gast in der Preußischen Armee zu dienen.

Kein Wunder, dass es eine Vorliebe für Drill und gewisse Sekundärtugenden gab. Von Preußen lernen heiße Siegen lernen. Auch im Geschäftlichen.

Vermutlich habe ich an dieser Stelle – noch ohne Arg und Vorwissen – die Stirn gerunzelt.

Mein Gastgeber hatte sich vom feingeistigen Kunst- und Literaturkenner, vom freiheitsbewegten Freund der schönen Künste in den Generalsenkel und Militärhistoriker verwandelt.

War ich noch in der Alpenrepublik? Im Land vom Alm-Öhi, Heidi und Geißen-Peter? Im Land der Schokoladen und Käselöcher? Doch was wusste ich schon von der Schweiz und über den *General*, den deutschfreundlichen Oberbefehlshaber und Kommisskopp, der die Helvetier an der Seite des Kaisers in den Krieg und gegen Frankreich führen wollte? Das hätte die Aufgabe der Neutralität und das Auseinanderbrechen der Eidgenossenschaft bedeutet, und glücklicherweise wurde der wohl altersstarrsinnige General noch rechtzeitig entmachtet. Heute nach Meienbergs Enthüllungen sehen ihn viele Schweizer als potentiellen »Hochverräter«.

Der Generalsenkel merkte bald, dass ich militärpolitisch weniger interessiert und, was die Schweiz betrifft, überhaupt nicht auf dem Laufenden war.

Bevor ich ginge, müsse ich aber unbedingt noch ein Gläschen vom Mariafelder Wein trinken, es sei einer der besten. Als ich wegen der Rückfahrt ablehnte, zog Wille eine Flasche aus dem Regal und stellte sie in eine Tragetüte. Den solle ich dann aber daheim mit meiner Frau trinken. Zu einem besonderen Anlass.

Wieder oben im Salon nahm ich erneut auf Richard Wagners Ehrensessel Platz, durchlas das Dokument, als Jürg Wille den Faden wieder aufnahm:

Er verstehe, dass mir sein Großvater, der **General**, weniger sympathisch sei als der 1848er Urahn François. Aber Ulrich Wille II., sein Vater, wäre sicher noch viel weniger mein Fall.

Ich zuckte die Achseln. Ihr Vater?

Nun, ja, er habe ja auch mein Buch zum NS-Völkermord an den »Zigeunern« zur Kenntnis genommen. Es sei gut und richtig, dass das jetzt alles mal ans Licht komme. Sehr verdienstvoll!

Mein Gastgeber war ernst geworden, aber immer noch freundlich. Da sei wirklich viel Schreckliches geschehen, von dem man in der Schweiz allerdings nur wenig gewusst habe. Aber, was man seinem Vater jetzt zum Vorwurf gemacht habe, die Geschichte mit

Pro Juventute, eigentlich ein Kinderhilfswerk, seine Aktivität dort wäre doch ursprünglich gut gemeint gewesen, dass man damals die verwahrlosten Kinder der *Jenischen*, der »weißen Zigeuner« den Eltern weggenommen und in Heime gesteckt habe, um sie zu *ordentlichen, zu guten Schweizern* ...

*Verbrechen gegen die Menschlichkeit, staatliches Kidnapping* ... hätte ich einwenden müssen. *Kinderraub, Familienzerstörung.*

Doch mein Gastgeber kam mir zuvor ... Nicht zu entschuldigen, auf gar keinen Fall, großes Unrecht. Im Grunde bin ich ganz bei Ihnen: *ein dunkler Fleck in der Schweizer Geschichte.*

Nur verständlich machen, nur erklären wolle er, dass Wille II. kein Unmensch gewesen sei ... kein Nazi.

Erneut zuckte ich die Achseln. Langsam wurde mir mulmig. *Sollte ich seinen Vater exculpieren?*

In Deutschland habe doch wohl jeder einen NS-Täter in der Familie, oder?

Mein Gastgeber schaut mich prüfend an, bevor er erneut ausholte.

Hinterher, für die Nachgeborenen sei es immer leicht, über die Fehler der Eltern zu richten.

Plötzlich erinnerte er mich an den Direktor meines »humanistischen« Kaiser-Wilhelms-Gymnasiums. Der hatte einen Granatsplitter im Kopf. Und war dann bei Wetterwechsel bisweilen auch nicht mehr der freundliche ältere Herr.

*Sitzen Sie noch bequem? Ich glaube, wenn ich Ihnen unser Geheimnis verrate, wer 1923 vor Ihnen in Wagners Ehrensessel saß, wird er Ihnen das Möbel nicht mehr so angenehm erscheinen. Wer noch?*

Nun ja, ein Sommergast. Für die Familie sei er vor allem ein höflicher junger Mann gewesen. *Genauso angenehm und wohlerzogen wie Sie*, wenn er sich die Bemerkung gestatten dürfe ... Übrigens sollten Sie jetzt besser wieder am Tisch sitzen. Hier wartet noch ein Tässchen Tee. Jürg Wille hob die Kanne, schenkte nach und schob mir die Zuckerdose zu.

Der junge Herr wäre nach Zürich gekommen, um dem **General** seine Aufwartung zu machen, Grüße von General Ludendorff zu überbringen. Grüße von Winifred aus Bayreuth natürlich auch,– von Wahnfried zu Wille gewissermaßen.

Deshalb habe dieser Gast auch auf Richard Wagners Ehrensessel Platz nehmen dürfen. Und auch in Wagners Sommerhaus übernachtet. In der Verehrung für den Meister wäre man sich ohnehin einig gewesen, und er selbst, als siebenjähriger Bub, habe mit seinem Spielzeugauto arglos zwischen den Füßen des deutschen Onkels gespielt.

Entgeistert starrte ich auf den fatalen Sessel.

Rudolf Hess habe Hitler in die Familie eingeführt. Die Großmutter **Generalin** und auch seine Mutter hätten die beiden jungen Herren charmant gefunden, sein Vater habe ihn sogar als Idealisten bezeichnet. Im Kampf gegen den Bolschewismus und die internationale Judenmacht habe man damals eben gemeinsame Ziele gesehen. Und dass man das Reich wieder neu erwecken müsse. *Man habe ja nicht ahnen können, dass sie im November in München einen Putsch gegen die Republik planten.* Sein Vater jedenfalls habe die beiden in den Familien Schwarzenbach-Rieter-Wille weiterempfohlen und Kontakte zu Schweizer Großindustriellen, Banken und anderen Geldquellen eröffnet. Ein historischer, sicher ein verhängnisvoller Besuch ...

Er müsse seinen Vater jedoch auch in dieser Hinsicht in Schutz nehmen gegen die Verleumdungen, die neuerdings verbreitet würden. Mit dem Geld der Nazis, dem Judengold in Schweizer Banken habe sein Vater nichts zu tun gehabt. Die Primitivität und Brutalität der Nazis habe er nie gebilligt und ihre späteren Greueltaten stets verabscheut. Als man nach 45 von Auschwitz und der Ermordung der Juden erfahren habe, sei die Familie entsetzt gewesen.

Ich musste mich verabschieden.

Ein Mühlrad ging mir im Kopf herum. Erst nachts im Hotelzimmer las ich in dem Buch, das mir mein braver Schweizer Schulmeister geschenkt hatte, las weitere Enthüllungen über die Verstrickungen des Wille-Schwarzenbach-Clans und anderer Schweizer Sympathisanten mit dem NS-Regime, erfuhr mit Schrecken, dass Wille II. im Zweiten Weltkrieg die Torheit seines Vaters wiederholen und die Schweizer Armee gegen Frankreich führen wollte. Zum Glück der Schweiz war er kein Oberbefehlshaber, sondern blieb als Oberstkorpskommandant im zweiten Glied.

Sicher wäre sein Vater ebenso wie der Großvater in seiner Liebe zu Deutschland, zum Preußentum und zum Militärischen wohl ein wenig blind gewesen, räumte Wille III., das derzeitige Oberhaupt der Familie ein.

Aber zum Glück gäbe es ja auch den guten, den demokratischen Faden in seiner Familiengeschichte, meinte mein Gastgeber beim Abschied und lächelte, wieder ganz der freundliche, kultivierte, weltgewandte ältere Herr, der »Seebub« von der **Goldküste**, Kulturmäzen und Patron.

Schließlich seien die Willes ja auch verwandt mit den Bodelschwinghs und den von Weizsäckers. Und der Richard sei jetzt ja unser sehr respektabler Bundespräsident ...

In der Nacht träumte ich alles noch einmal im Schnelldurchlauf nach: eine Revue von den deutschen Demokraten und 48er-Freiheitskämpfern, über Bismarck, Wilhelm II., Richard Wagner, Hitler bis zu Richard von Weizsäcker, quasi als Schweizer Alp(b)traum oder auch Familiensaga von *Wille&Wahn* in Mariafeld, einem der herrlichsten Plätze der Welt, dem idyllischen Ort am Zürichsee, und all das unterlegt mit Musik aus der **Götterdämmerung.**

Den guten Mariafelder Wein habe ich allerdings bedauerlicherweise im Haus stehen lassen.

Und wenn er nicht verdorben ist ..., steht er auch heute noch dort.

Ebenso wie der entehrte **Ehrensessel**.

Der »Patron und Seebub« Jürg Wille ist zehn Jahre später, im Mai 2009, im Alter von 93 Jahren verstorben.

(Die Erinnerung an das fatale Möbelstück ist ein Originalbeitrag für dieses Buch, Mai 2013)

# TROTZ ALLEDEM

Zwischen Liebestraum
und Revolution
Ferdinand Freiligrath (1810 –1876)
zum 200. Geburtstag

O LIEB`, SOLANG DU LIEBEN KANNST

In dem Film MARLENE (1984) von Maximilian Schell gibt es eine Szene mit dem Untertitel »Marlene Dietrich reading Goethe« – doch handelt es sich in Wirklichkeit um einen anderen Dichter: um Ferdinand Freiligrath und seinen vielleicht größten lyrischen Erfolg »O lieb`, so lang du lieben kannst«. Von Franz Liszt wurde das Gedicht vertont und für alle Zeiten mit dem LIEBESTRAUM Notturno III (Poco Allegro, Con Affetto) verknüpft und weltberühmt – bis heute ein Hit.

In dem Dokumentarfilm treffen sich beide in Marlene Dietrichs Pariser Hotelwohnung. Die Schauspielerin ist nicht zu sehen, wir hören sie nur aus dem Off. Eingeblendet werden Filmschnipsel, die sie in junger Schönheit als romantisch Liebende oder femme fatale zeigen. Die Dietrich gibt sich kühl und spröde, leugnet und bagatellisiert ihre erotische Ausstrahlung, ihre romantische Ader. Dann aber gelingt es Maximilian Schell doch, die 83jährige aus der Reserve zu locken. Er greift zu einem ihrer Bücher und liest ein Gedicht aus ihrer Jugendzeit:

»O lieb solang du lieben magst,
 Die Stunde kommt, die Stunde kommt...«

Sofort erinnert sich Marlene: »Ich muss heulen« –

»Wo du an Gräbern stehst und klagst...
Und hüte deine Zunge wohl,
Bald ist ein böses Wort gesagt.
Oh Gott, es war nicht bös gemeint...«

Und die Dietrich ergänzt mit tränenerstickter Stimme:
»...Der andre aber geht und klagt!«

Maximilian Schell setzt unerbittlich fort:
»Der Mund, der oft dich küsste, spricht
Nie wieder: ich vergab dir längst.«

Worauf es aus Marlene geradezu herausbricht: »Ich kann das ja leider nicht sagen, ich muss nur heulen ... Entschuldigung (weint) ... es ist vielleicht ein kitschiges Gedicht ... ich weiß nicht,– meine Mutter liebte das sehr! Das sagen doch so viele Leute `es war nicht bös gemeint` und was die schönste Zeile daran ist: `Der andre aber geht und klagt`. Vielleicht heutzutage zu sentimental, vielleicht ...«
Marlene weint.

Der plötzliche Gefühlsausbruch ist die ergreifendste Szene des Filmporträts, ein Höhepunkt, ausgelöst durch die Verse eines Autors des 19. Jahrhunderts, an den sich heute nur noch wenige erinnern: Ferdinand Freiligrath.

Freiligrath war neben Heinrich Heine und Georg Herwegh der populärste deutschsprachige Lyriker zur Mitte des 19. Jahrhunderts, sein Einfluss immens. Seine Gedichte konnte ganz Deutschland auswendig; Schumann, Mendelssohn-Bartholdy, Liszt und Carl Loewe haben sie vertont. Und wie in seinem Werk zwischen biedermeierlicher Romantik und revolutionärem Agitprop, so spiegelt sich in seinem Lebenslauf die deutsche Geschichte des 19. Jahrhunderts.

Geboren wurde er vor 200 Jahren, am 17. Juni 1810 als Sohn eines »armen« Schulmeisters in Detmold, der Residenz des winzigen Fürstentums Lippe. Neun Jahre zuvor war dort ein anderer großer Autor zur Welt gekommen, der Dramatiker Christian Friedrich Grabbe, und zwölf Jahre später wird es Georg Weerth sein: »der erste bedeutende Dichter des deutschen Proletariats«, wie Friedrich Engels ihn nannte. Von den Biographen wurde seither gern spekuliert, weshalb ausgerechnet hier am Rand des Teutoburger Waldes kurz nacheinander drei große Dichter mit unbändigem Freiheitsdrang gedeihen konnten. War es der Widerspruch zur Enge des rückständigen Kleinstaates, die nahebei vermutete »Herrmannsschlacht«, der Mythos der Freiheitskriege gegen den »frechgewordenen« Franzosenkaiser, oder einfach nur die gute Ausbildung am dortigen Gymnasium?

Auf jeden Fall wurde Bildung großgeschrieben, war Literatur, die der engen Provinz die Welt eröffnete, schon in der Knabenzeit erreichbar. Lesehunger verbindet alle drei.

Allerdings muss der »Bücherfresser« Ferdinand kurz vor dem Abitur die Schule abbrechen. Gemeinsam mit seinem Vater – die Mutter ist früh gestorben – sattelt er um. Beide wollen sich fortan den Lebensunterhalt als Kaufleute erwerben. Der Fünfzehnjährige kommt zu einem Onkel, der im westfälischen Soest mit Kolonialwaren handelt, in die Lehre, setzt aber in der Freizeit sein Sprachenstudium fort, was ihm später nicht nur als Handelsmann und Banker, sondern auch als Literaturübersetzer und Dichter nutzen wird. Schon früh beginnt er Verse zu schreiben. Anregungen erhält er nach eigener Aussage vor allem aus einer alten Bilderbibel und Reisebeschreibungen aus aller Welt.

Sein erstes Gedicht sei dem isländischen Moostee gewidmet gewesen, heißt es. Der Trank, von seiner Stiefmutter gebraut, habe ihn vor der Influenza gerettet und sein Halsweh besiegt. Kein Wunder, dass der wiederauferstandene Ferdinand allsogleich die Feder ins Tintenfass tunkt und der Vulkaninsel und der germanischen Götterwelt mit kraftvollen Versen seinen Dank abstattet. Tatsächlich scheint die Wirkung der Droge gewaltig gewesen zu sein. Das »Debüt« des 16jährigen beeindruckt noch heute und fehlt in keiner Freiligrath-Ausgabe.

Die liebevolle teespendende Stiefmutter hat zudem auch ihre Schwester in die Familie mitgebracht, und der junge Handelslehrling entwickelt schnell eine große Zuneigung zu seiner Tante. Karoline Schwollmann ebenfalls, – und, was erschwerend hinzu kommt: sie mag nicht nur ihn, sondern auch seine Gedichte. Als sein Vater im Sterben liegt, schreibt der Achtzehnjährige nicht nur das weltberühmte »O lieb, solang du lieben kannst«, sondern verspricht ihm auch, die geliebte Karoline zu heiraten. Was ihn später, als er eine andere Liebe seines Lebens findet, in schwere Gewissenskonflikte stürzt.

Zunächst jedoch tritt Ferdinand seine erste Stelle in einem Amsterdamer Bank- und Großhandelshaus an. Neben den Büchern ist fortan der Hafen das Tor zur Welt. Der Handlungsgehilfe liest dazu die weitgereisten britischen und französischen Kolonialromantiker und – auf den Lieferscheinen – die Absender der Kisten, Säcke und Stoffballen. Aus der Dumpfheit des Kontors, umgeben von Teppichen, Tabak, Tee, Gewürzen, träumt er sich in die Urwälder, Prärien, Palmen-Oasen, zu den Mohren, Tigern, Krokodilen und Indianern.

Diese zusammenfantasierte bunte »Wüsten- und Löwenpoesie« sei bereits ein erster Ausdruck seines revolutionären Freiheitsdrangs und seiner demokratischen Ansichten gewesen, erklärt Freiligrath später. Tatsächlich finden sich in fremdländischer Kostümierung Parolen von *Freiheit, Gleichheit und Brüderlichkeit*, wird die Sklaverei angeklagt, mit aufständischen Mohrenfürsten sympathisiert und den um Freiheit kämpfenden Indianern der Rat erteilt:

»Nadowesier, Tschipawäer,
heult den Kriegsruf, werft den Speer!
Schüttelt ab die Europäer!
Zürnend ihren Missionären
aus den Händen schlagt das Buch;
denn sie wollen euch bekehren,
zahm, gesittet machen, klug!«

Der junge Autor mit den exotisch-extravaganten Endreimen erschließt der deutschen Romantik ein neues Feld und globalisiert sie gewissermaßen, er wird ein »Karl May der Lyrik«. So jedenfalls könnte man den phänomenalen Publikumserfolg seines Frühwerks erklären.

Wie meistens beginnt die literarische Karriere mit Abdrucken in regionalen Blättern, doch bald schon erscheinen Freiligraths Verse deutschländerweit im »Morgenblatt« und im »Deutschen Musenalmanach«. Arrivierte Autoren wie Brentano und Schwab äußern sich begeistert über das neue Talent. Auch Adelbert von Chamisso, dem weitgereisten, gefällt das fantasievolle lyrische Geschichtenerzählen: »Seit dieser zu singen begonnen hat, sind wir anderen Spatzen.«
Sogar der Klassiker-Verleger Cotta will seine Gedichte drucken. Und wie Byron, den er damals gerade übersetzte, hätte der fünfundzwanzigjährige Freiligrath sagen können: »Eines Tages wachte ich auf und war berühmt.«
1838 erscheint sein Band »Gedichte«, nahezu jedes Jahr folgt eine neue Auflage. Populär wird unter andem das schwungvolle Reiterlied »Prinz Eugen, der edle Ritter«, viel vertont und gern gesungen. Auch als kongenialer Übersetzer – Byron, Victor Hugo, Walter Scott, Robert Burns – macht Freiligrath sich schnell einen Namen. Und außergewöhnlich in dieser Zeit: seit 1839 kann er bereits von dem Geschriebenen leben und nach Zwischenstationen in Soest und Barmen die leidige Kontorarbeit aufgeben. Freiligrath zieht nach Unkel am Rhein. Bezaubert von der Gegend um den Loreleifelsen, wendet er sich von der phantastischen und exotischen Bilderwelt seiner Jugendgedichte ab, und findet den Zugang zu neuen romantischen und patriotischen Stoffen vor der eigenen Haustür. »Ans Herz der Heimat wirft sich der Poet, ein

anderer und doch derselbe!« jubelt er, schüttelt den Wüstenstaub ab und macht fortan in Rheinromantik..

»Zum Teufel die Kamele,
Zum Teufel auch die Leun:
Es rauscht durch meine Seele
Der alte deutsche Rhein!«

In Unkel entstehen zahlreiche rhein-, wein-, weib-romantische Gelegenheitspoesien, die das Publikum entzücken, heute aber zu Recht vergessen sind. Mit Liedern auf das »Rolandseck« oder Gedichten wie »Auf dem Drachenfels« begeistert er schließlich auch seinen Landesherrn, den preußischen König Friedrich Wilhelm IV., in dem die Untertanen derzeit gern einen »Romantiker auf dem Königsthron« sehen wollten.
Hinzu kommt eine junge, neue, leidenschaftliche Liebe. Im Frühjahr 1840 lernt er in der Nachbarschaft die junge Tochter eines Gymnasialprofessors aus Weimar kennen, die zehn Jahre jüngere Ida Melos, die als Kind schon Goethe mitsamt den Enkeln zu Füßen herumgekrabbelt sein soll. Die jetzt 22jährige arbeitet im Nachbarhaus als Erzieherin. Eine frühsommerliche Romanze entwickelt sich zwischen den beiden über den Gartenzaun hinweg, zunächst geschwisterlich harmlos, denn beide sind ja anderweitig verlobt. Doch bald schon spüren der Dichter und die literaturbeflissene junge Frau mehr als geistige Verwandtschaft, und, dass es auch mehr ist als nur ein sommerlicher Ferienflirt.

In dieser Zeit entstehen Freiligraths sehr persönliche und leidenschaftliche Liebeslieder und Gedichte »Du hast genannt mich einen Vogelsteller« und »Ruhe in der Geliebten«.

»Wo ein Röslein steht, wo ein Vorhang weht,
Wo am Ufer Schiffe liegen.
Wo zwei Augen braun übern Strom hinschaun –
O da möcht ich fliegen, fliegen!«

Freiligrath habe Ida, so will es die Legende, mit einem Gedicht und einem wilden Feldblumenstrauß hoffnungsvoll seine Liebe erklärt, sich am Ende jedoch *Mit Unkraut* abgewiesen gefühlt:

Sein Auge sprüht, seine Wange glüht,
Seine Hände ballt er zitternd:
Sein Blut, es kocht, und sein Herz, es pocht,
Seine Stirne droht gewitternd.
Seine Brust ist schwer: – schlechtes Kraut und Er!
Verstoßen und verlassen!
Seine Blumen sieh! – willst du ihn und sie
Am Boden liegen lassen?«

Doch der Liebende irrt. Ida ist zwar heimlich von Unkel abgereist, nach Weimar zu ihrer Mutter entflohn, aber nur, um sich und ihre Gefühle zu prüfen. Für Freiligrath harte Wochen am Rande von Verzweiflung und Trunksucht. Ziellos und gemütskrank sei er mit seinem Hund Strolch am Rhein hin- und hergelaufen, so Berthold Auerbach. In einer dunklen Stunde habe er zudem seine schönsten Gedichte und Liebeslieder an Ida vernichtet.

Ida aber weiß, was und wen sie will. Sie trennt sich in Weimar von ihrem Verlobten, kehrt nach Unkel zurück und bereits im August steht ihr Ja-Wort und Ferdinands Glück.

Der aber wird nach wie vor von heftigen Gewissensnöten geplagt, sein Herz ringt und blutet, denn in Soest wartet ja nach wie vor die andere Geliebte, die treue Tante, die zehn Jahre ältere Caroline auf ihn, der er sich verpflichtet fühlt. In den Briefen an ihre Schwester und seine Stiefmutter versucht er verzweifelt zu entschuldigen und zu erklären, löst die Verlobung und das Band zu seiner Familie. Wie schwer ihm das gefallen ist, zeigen seine Briefe an die Familie und die verlassene Karoline.

Im Mai 1841 kann endlich die Hochzeit der beiden in der Nähe von Weimar gefeiert werden.

Ida wird ihm eine ideale Lebensgefährtin, auch in den härteren Jahren der Not und des Exils. Zunächst aber teilt sie die Erfolge. Nach einem Zwischenspiel in Darmstadt zieht es Freiligrath wieder zurück an den Rhein. St. Goar wird die neue Dichterresidenz. Er kann sich eine stattlichere Wohnung leisten, mit Blick auf den Rhein, St. Goarshausen und die Burgruinen Katz und Maus, eine Dichterresidenz, die bald schon zu einer »Poetenherberge« für durchreisende Rheinromantik suchende Schriftsteller wird. Zu den trinkfesten Gästen und Freunden zählen Berthold Auerbach, Justinus Kerner, Hoffmann von Fallersleben, Emanuel Geibel, aber auch der amerikanische Dichter Henry Longfellow und Hans Christian Andersen.

Außer den Liebesgedichten gelingt Freiligrath kaum noch etwas Nennenswertes in dieser Zeit: das meiste ist epigonales Kunsthandwerk, Burgen- und Stromromantik, Gelegenheitsgedichte, die von sagenhaften Helden erzählen und immer wieder vom Zechen und Bechern in feuchtfröhlicher Runde:

»In seiner Trauben lust`ger Zier,
Der dunkelroten wie der gelben,
Seh' ich das Rheintal unter mir
Wie einen Römer grün sich wölben«.

Glück in der Liebe, Leerlauf im Beruf – viele seine Verse dieser Jahre wirken platt und dünn. Der Dichter ist, das spürt er selbst, in einer Krise. Und doch werden diese beiden Jahre in St. Goar sein Leben und Werk grundlegend verändern. Aus dem politisch abstinenten Spätromantiker wird der »Trompeter der Revolution«.

DER PARTEIENSTREIT

Freiligraths große Zeit beginnt mit einer Auseinandersetzung, die Literaturgeschichte machte. Aus den politischen Kämpfen seiner Zeit und näheren Umgebung (Julirevolution, Polenaufstand, Hambacher Fest 1832) hatte sich Freiligrath bisher herausgehalten und sein humanes Engagement eher in der Ferne oder in sagenhafter Vergangenheit spielen lassen. Dann aber doch.
1841 schreibt er das Gedicht »Aus Spanien«: inhaltlich eine Elegie auf die Hinrichtung des reaktionären Feudalherren Diego Leon. Die Freiligrath-Fans und die meisten seiner Kollegen sind zutiefst verstört. Dass ein Dichter in dieser Zeit der allgemeinen Unterdrückung ausgerechnet einen notorischen Menschenschinder und

Reaktionär als heldenhaften Märtyrer verherrlicht, findet selbst bei Freunden nur Kopfschütteln. Freiligrath schien das geahnt zu haben und hatte vorsichtshalber eine Erklärung in das Gedicht mit eingebaut, die das Ganze allerdings auch nicht besser macht: *»Der Dichter steht auf einer höhern Warte,/ als auf den Zinnen der Partei.«*

Für das politische Abstinenzversprechen gibt es zwar Beifall von der interessierten Seite. Geradezu entsetzt aber sind die verbotenen Dichterkollegen, die aus der Heimat Verbannten und die Freiheitskämpfer in den fürstlichen Gefängnissen. Es hagelt Erwiderungen und aus dem Schweizer Exil schmettert ihm Georg Herwegh das berühmte, um Freiligrath werbende Gedicht entgegen: *»Partei! Partei! Wer sollte sie nicht nehmen/ Die noch die Mutter aller Siege war!«*

Herwegh, mit den anonym erschienenen »Gedichten eines Lebendigen« (1841) ebenfalls ein gefeierter Bestsellerautor und Konkurrent, ist über Nacht zum Messias der Opposition geworden Seine Verse sind Parole (»Reißt die Kreuze aus der Erden! Alle sollen Schwerter werden«, »Wir haben lang genug geliebt, Wir wollen endlich hassen!«). 20 000 Exemplare in wenigen Monaten – das ist deutscher Lyrik-Rekord. Mit Herweghs Erwiderung hat die Debatte einen grundsätzlichen Charakter bekommen.

Lyrik ist in dieser Zeit ein Massenmedium und der *»Parteienstreit«* wird von den Herrschenden durchaus ernst genommen. Was sich umgehend zeigt. Während Herwegh ins Exil fliehen muss, belohnt der preußische König Freiligrath, gemeinsam mit dem ohnehin als obrigkeitsfromm bewährten Emanuel Geibel (»Der Mai ist gekommen«), prompt mit einem »Ehrengehalt«. 300 Taler jährlich kann der frischgebackene Ehemann gut gebrauchen – allerdings muss er sich dafür als »königlich pensionierter Poet« allerlei Häme gefallen lassen.

In den frühen 40er Jahren radikalisiert sich das denkende und schreibende Europa – der Literaturhistoriker Walter Grab hat das prägnant an den immer entschiedener werdenden politischen Dichtungen Heinrich Heines (Wintermärchen, Weberlied, Atta Troll) nachgewiesen. In den Biedermeierstübchen fliegen die Fenster auf. In dieser »heißen« Phase des Vormärz will kaum ein Dichter noch abseits stehen. Und Metternichs Spitzel kommen nicht mehr nach. Der Wandel von der eher liberal und feuilletonistisch geprägten Opposition des Jungen Deutschland zum radikaldemokratischen Aufbegehren hat natürlich sehr reale Gründe, wie die zunehmende Verfolgung kritischer Geister, Berufsverbot (gegen Hoffmann von Fallersleben, die Brüder Grimm u.a.), die Verbannung Herweghs, das Verbot oppositioneller Zeitungen oder die blutige Niederschlagung sozialer Unruhen (Weberaufstand in Schlesien). All dies gibt Freiligrath zu denken und verändert auch ihn.

Ein erstes Schlüsselerlebnis sei die Begegnung auf einem Ball in Koblenz im Herbst 1842 und der Smalltalk mit dem preußischen König und dem Erzherzog Johann von Österreich in Koblenz gewesen, bei dem er die Hohlheit und Verlogenheit der hohen Herren und ihrer Hofschranzen durchschaut habe.

»An diesem Abend und in dieser Stunde wurde ich Demokrat.«
Eine andere Version:
Neben dem Widersacher Herwegh sei es vor allem der gerade vom König entlassene Professor und Deutschlanddichter Hoff-

mann von Fallersleben gewesen, der ihn in der Nacht vom 16. auf den 17. August 1843 politisiert haben soll. Und manche Biographien meinen sogar, den Schauplatz des Gesinnungswechsels zu kennen – das in Koblenz direkt am Rhein gelegene Hotel »Zum Riesen«:

»Denk ich wieder wie im Traum
Jener Nacht im Riesen
Wo wir den Champagnerschaum
Von den Gläsern bliesen,
Wo wir leerten Glas auf Glas,
Bis ich alles wußte,
Bis ich deinen ganzen Hass
Schweigend ehren mußte.«

Aber auch das darf bezweifelt werden. Vom Saulus zum Paulus wurde Freiligrath nicht an einem Tag, nicht in einer Stunde,– er machte wie viele oppositionelle Dichter einen langen Kampf durch, bei dem gewissermaßen Herwegh und Hoffmann auf der einen Seite um ihn warben, Emanuel Geibel, Dingelstedt und die schwäbischen Dichter um Uhland, die ihn für den vermeintlich politikfernen Elfenturm retten wollten, auf der anderen.
An Levin Schücking schrieb er: »Als ob ich mich beeinflußen ließe! (...) Ihr seid allesamt Narren. Was ich bin, bin ich durch mich selbst und durch den König von Preußen. Der ist der ärgste Demagogenfabrikant.«
In St. Goar war es ihm durch die vielen Gäste und Besucher mittlerweile zu unruhig geworden. Freiligrath zieht sich für einige

Wochen im Mai 1844 in das Gasthaus »Krone« in Aßmannshausen zurück und bereitet seinen neuen revolutionären Gedichtband vor.

»Zu Aßmannshausen in der Kron,
Wo mancher Durst'ge schon gezecht
Da macht ich gegen eine Kron
Dies Büchlein für den Druck zurecht!«

Offensiv erklärt sich Freiligrath zum Gegner der Krone und veröffentlicht Verse, die keinen Zweifel mehr an seinem Gesinnungswandel lassen. Denn Einigkeit und Recht und Freiheit zu fordern war in jener Zeit ein revolutionärer und staatsfeindlicher Akt. Zugleich mit dem Erscheinen seines Gedichtbandes »Ein Glaubensbekenntnis« kündigt er die königliche Pension. Im Vorwort beendet er den »Parteienstreit« und verabschiedet sich von den »falschen Freunden«:

»... das Ärgste, was sie mir vorzuwerfen haben, wird sich zuletzt auf das eine beschränken: dass ich nun doch von jener 'höheren Warte' auf die 'Zinnen der Partei' herabgestiegen bin.
Fest und unerschüttert trete ich auf die Seite derer, die mit Stirn und Brust der Reaktion sich entgegen stemmen!
**Kein Leben mehr für mich ohne Freiheit!«**

## TROMPETER DER REVOLUTION

Freiligrath wusste, was er tat. Von nun an ist er auf der Flucht. Sein königlicher Gönner reagiert wütend und beleidigt mit dem Verbot der Gedichte. Doch die erste Auflage von 8000 Exemplaren ist bereits verkauft, die verbotenen Verse auswendig gelernt und in aller Munde.

Freiligrath flieht mit seiner Frau nach Belgien, schließt in Brüssel Bekanntschaft mit Karl Marx, findet Unterschlupf in der Schweiz und Kontakt mit anderen deutschen Emigranten. Seine Gedichte, in Anthologien und auf Flugblättern massenhaft verbreitet, schildern jetzt nicht nur die politischen Missstände und die soziale Not, sondern auch die Notwendigkeit einer grundlegenden Veränderung. Und wieder gelingt es Freiligrath, Geschichten und Sinnbilder zu finden, die sich in den Köpfen festsetzen und die Herzen der Leser ergreifen. Zum Beispiel, wenn ein armer Wilddieb vor den Augen seines Sohnes erschossen wird, oder ein verzweifelter Weberknabe (»Aus dem schlesischen Gebirge«) vergebens nach dem Rübezahl ruft. Oder wenn der Heizer im Schweiße seines Angesichts unter Deck den Kessel jenes Dampfschiffs schürt, auf dem der preußische König auf dem Rhein spazieren fährt.

»Du bist viel weniger ein Zeus/ als ich, o König, ein Titan!« raunt der klassenbewusste Arbeitssklave seinem Herrscher auf dem Oberdeck zu, und:

»Wir sind die Kraft! Wir hämmern jung
das alte, morsche Ding, den Staat,
Die wir von Gottes Zorne sind
bis jetzt das Proletariat!«

Für uns Heutige liegt es vielleicht nahe, das als allzu pathetisch abzutun – für die Zeitgenossen aber waren es unerhörte, neue, gewaltige Töne. Sie begeisterten die Gedrückten, versetzten die Mächtigen in Wut.
1846 erscheint in einem Schweizer Exilverlag die Sammlung »Ça Ira«. Der Titel »Es wird schon gehen!« nimmt offensiv die Losung der französischen Revolution auf. Marx und Engels allerdings sind skeptisch. Im »Kopfe unseres Freiligrath« gerät ihnen die Revolution doch etwas zu enthusiatisch, zu leicht und zu flott.
Dann aber, nach der Pariser Februarrevolution 1848, überschlagen sich die Ereignisse. Auch in Deutschland stehen Arbeiter, Handwerker und Studenten zusammen mit den Frauen auf den Barrikaden. Das Militär wird in der Nacht des 18. März in Berlin zum Rückzug gezwungen. Kronprinz Wilhelm, der spätere Kaiser Wilhelm I., nimmt reißaus und flieht nach England, der König duckt sich weg. Eine Zeitlang zittern die Fürsten in den Residenzen und packen ihre Koffer. Freiligrath, der im Londoner Exil erneut eine kaufmännische Stelle antreten musste, bejubelt die Volkserhebungen in den deutschen Staaten und besingt die schwarz-rot-goldene Trikolore der Freiheit in dem Gedicht »Im Hochland fiel der erste Schuß«:

»Pulver ist schwarz, Blut ist roth,
Golden flackert die Flamme!«

Während der Sänger Herwegh (»die eiserne Lerche«) seine aufrührerischen Worte tatsächlich wahr machen will und den Aufständischen in Baden mit einer Deutschen Demokratischen

Arbeiter- und Handwerker-Legion aus Paris zu Hilfe eilt, sieht sich Freiligrath nicht als General, sondern als »Trompeter der Revolution«. Doch auch er will nach Deutschland, an den Rhein, zurück. Beide kommen – wie Marx das voraussah – zu spät. Die Flamme ist erloschen, ein mehr oder minder bürgerlich-akademisches Parlament meint, die Macht zu haben.

TROTZ ALLEDEM

Es gibt noch ein zweites populäres Lied von Freiligrath, das überdauert hat, und immer wieder – nicht nur von Hannes Wader – gesungen wird: »Trotz alledem« – der trutzige Abgesang auf die gescheiterte Revolution von 1848, trostreich erinnert von den politisch Verfolgten der NS-Zeit im KZ Buchenwald, wieder auferstanden als Ohrwurm der politischen Liedermacherbewegung um 1968 ...

Das war 'ne heiße Märzenzeit,
Trotz Regen, Schnee und alledem!
Nun aber, da es Blüten schneit,
Nun ist es kalt, trotz alledem!
Trotz alledem und alledem –
Trotz Wien, Berlin und alledem –
Ein schnöder scharfer Winterwind
Durchfröstelt uns trotz alledem!

Das ist der Wind der Reaktion
Mit Mehltau, Reif und alledem!

Das ist die Bourgeoisie am Thron –
Der annoch steht, trotz alledem!
Trotz alledem und alledem,
Trotz Blutschuld, Trug und alledem –
Er steht noch und er hudelt uns
Wie früher fast, trotz alledem!

Denn ob der Reichstag sich blamiert
Professorhaft, trotz alledem!
Und ob der Teufel reagiert
Mit Huf und Horn und alledem –
Trotz alledem und alledem,
Trotz Dummheit, List und alledem,
Wir wissen doch: die Menschlichkeit
Behält den Sieg trotz alledem!

Auch in der DDR war Freiligraths *Trotz alledem* lebendig geblieben – nicht nur als Aufbau-Klassiker-Zitat und in den Schulbüchern – sondern auch 1989, als seine Parole **WIR SIND DAS VOLK** neu aufgegriffen wurde:
»Nur was zerfällt, vertretet ihr!
Seid Kasten nur, trotz alledem!
**Wir sind das Volk, die Menschheit wir!**
Sind ewig drum, trotz alledem!
Trotz alledem und alledem!
So kommt denn an, trotz alledem!
Ihr hemmt uns, doch ihr zwingt uns nicht –
Unser die Welt trotz alledem!«

Freiligrath sieht die alten reaktionären Kräfte wiederauferstehen, und bekämpft sie wie Heine, Weerth, Herwegh und andere mit Ironie und beißender Satire. Allerdings auch mit einer weiteren gewaltigen, monumentalen Dichtung. In einer »furchtbar ergreifenden« Mahnrede **Die Toten an die Lebenden** lässt er die im März gefallenen und vor dem Schloss aufgebahrten 183 Berliner Barrikadenkämpfer wieder auferstehen, vor denen Friedrich Wilhelm IV. den Hut ziehen musste:

»So wars! Die Kugel in der Brust, die Stirne breit gespalten,
So habt ihr uns auf schwankem Brett auf zum Altan gehalten!
'Herunter!' – und er kam gewankt! – gewankt an unser Bette;
'Hut ab!' – er zog – er neigte sich! (So sank zur Marionette
Der einst ein Komödiante war!) Bleich stand er und beklommen!
Das Heer indes verließ die Stadt, die sterbend wir genommen!«

Am Ende der Dichtung fordern die Toten die Überlebenden auf, die halbe Revolution zur ganzen zu machen, die Throne in Flammen zu setzen, die Fürsten aus dem Land zu jagen.
Im August 1848 in Düsseldorf gedruckt wird das Gedicht für einen Silbergroschen als Flugblatt in Tausenden von Exemplaren verbreitet. Freiligrath wird umgehend verhaftet, für einen Monat ins Gefängnis gesteckt und wegen »Aufreizung zum Widerstand gegen die Staatsgewalt« angeklagt. Die Düsseldorfer Geschworenen jedoch sprechen den Dichter frei. Der Stenographische Prozessbericht ist auch heute noch aufschlussreich für die Interpretation politischer Lyrik.

Als 1849 die Revolution noch einmal aufflackert, ist Freiligrath in Köln bereits an der Seite von Karl Marx, Friedrich Engels und Georg Weerth Redakteur der legendären »Neuen Rheinischen Zeitung« und schreibt versifizierte Leitartikel auf die revolutionären Erhebungen in Wien und Ungarn oder die Ermordung Robert Blums. Als die Zeitung im Mai 1849 jedoch ihr Erscheinen einstellen muss, steht auf der Titelseite in roten Lettern Freiligraths trutziges **Abschiedswort:**

»...Wenn die letzte Krone wie Glas zerbricht,
in des Kampfes Wettern und Flammen,
Wenn das Volk sein letztes 'Schuldig' spricht,
dann stehen wir wieder zusammen!«

Freiligrath kann nicht länger in Deutschland bleiben. Wegen »Aufforderung zur Empörung und Majestätsbeleidigung« wird er mit Steckbriefen polizeilich gesucht. Zusammen mit seiner Frau und vier Kindern gelingt ihm erneut die Flucht.
Wie Karl Marx lebt Freiligrath seit 1852 im Exil in London. Während er Marx anfangs noch finanziell unterstützt haben soll und dessen Arbeit am »Kapital« vornehmlich als wissenschaftliche lobte (was Marx verdross), entfremdet er sich später von seinem Kampfgefährten. Notgedrungen wechselt das einstige Mitglied des Bundes der Kommunisten die Seite, wird Banker und hängt »seine Harfe an den Nagel«. Den Lebensunterhalt für die siebenköpfige Familie verdient er ab 1858 als englischer Generalbevollmächtigter der »Bank of Switzerland«.

Der steckbrieflich gesuchte, verbannte und verbotene 48er hat ohnehin keine Chance mehr, in Deutschland zu veröffentlichen. Nur selten liest man noch in Exilzeitschriften von ihm. Um so wichtiger werden seine Übersetzungen englischer Dichtung.

Das Publikum allerdings, ob politisch oder unpolitisch, bleibt seinem Lieblingspoeten treu. Und so kommt es zwei Jahrzehnte später zu einer beispiellosen Heimholung eines deutschen Dichters aus dem Exil.

Freiligrath, inzwischen englischer Staatsbürger, befand sich nach der Schließung der Londoner Filiale der Banque Suisse in einer sorgenvollen Lage. Eine adäquate Stellung für den Dichter und Direktor zu finden, war naturgemäß nicht gerade leicht. Es wäre aber ein »Gerücht« und »Mißverständis«, schrieb er selbst an die Deutsche Schillerstiftung, dass er »Hülfe« benötige.

Doch Freunde und Kollegen (darunter auch Georg Herwegh) hatten bereits, u.a. in der Zeitschrift »Die Gartenlaube«, zu einer »Volksdotation« für den als alt, verarmt und heimwehkrank dargestellten Dichter aufgerufen und – auch unter den Emigranten in England und Amerika – die gewaltige Summe von 60 000 Talern gesammelt. Verglichen mit heutiger Kaufkraft wären das 1,6 Millionen Euro. Nie zuvor und nie danach wurde ein deutscher Schriftsteller reicher beschenkt. Auch kein Nobelpreisträger. Und die Schillerstiftung legt noch ein Ehren-Gehalt von 500 Talern drauf. Die »Nationalspende« ermöglicht 1868 die triumphale Rückkehr, die freilich nicht ins geliebte Rheinland, sondern in das liberalere Württemberg führt. In Preußen gelten nach wie vor der Haftbefehl und die Anklage wegen staatsfeindlicher Gedichte.

Übrigens: Die Schillerstiftung war im Falle des tatsächlich verarmten Herwegh weniger spendabel. Der Literaturhistoriker Bruno Kaiser hat in den »Akten Ferdinand Freiligrath und Georg Herwegh« dargelegt, wie der Parteienstreit dreißig Jahre später endgültig entschieden wurde. Freiligraths Eintreten für Revolution und Proletariat schien der Vergangenheit anzugehören, wurde als Jugendsünde vergeben, vergessen oder bagatellisiert. Während man Herwegh anlastete und übelnahm, dass er nach wie vor an der Seite der Arbeiterbewegung Partei nahm, die Ziele von 1848 unbelehrbar weiter verfocht und kämpferische Verse gegen Bismarcks »Blut- und Eisen-Politik« schrieb. Nach langem Hin und Her bewilligten die Literaturverwalter der »eisernen Lerche« eine vergleichsweise dürftige einmalige Unterhaltshilfe von 250 Talern.

HURRAH GERMANIA!

Ein drittes, im Wilhelminischen Reich gern zitiertes und weit verbreitetes Erfolgsgedicht hält Freiligrath in einer eher problematischen Erinnerung. Der Dichter hat es bald bereut und hätte es – nach alledem – besser lassen sollen. Es wird seinem Rang und geistigen Standard nicht gerecht und stellt ihn scheinbar in eine Reihe mit dem nach wie vor im preußischen Sold stehenden Nationalbarden Emanuel Geibel, dessen chauvinistisches »Und es mag am deutschen Wesen, einmal noch die Welt genesen« unheilvolle Prophetie wurde.
Freiligrath erwies sich als etwas zu dankbar. Weniger dem »Volk« gegenüber als den Bürgern, die sich von Bismarcks Gewaltpolitik

mitreißen ließen und sich anschickten, für die »Einheit« auf die Freiheit und soziale Gerechtigkeit zu verzichten.
»Hurrah, Du stolzes schönes Weib, Hurrah Germania! ...«

Freiligraths »glücklicherweise nur dünnen« Jubel-Verse – so Herbert Eulenberg im Jahre 1948 – seien es nicht wert, zitiert zu werden. Sie entzückten allerdings die staatstragende nationale Leserschaft und eröffneten die Rückkehr in die auflagenstarken Schulbuchausgaben und Goldschnitt-Poesiealben.
Freiligrath war nicht der einzige Alt-Achtundvierziger, der 1870 in einer von beiden Seiten chauvinistisch aufgeheizten Atmosphäre den Kriegsbeginn bejubelte und siegestrunken zum Wendehals wurde. Wenige Monate später jedoch wendet er sich entsetzt ab und beklagt in dem Gedicht »Die Trompete von Gravelotte« die Toten auf beiden Seiten.
»Über den Patriotismus die Menschlichkeit!«, fordert er in einer Entgegnung auf ein blutrünstiges Gedicht von Julius Wolf und wirbt nach Kriegsende zusammen mit Karl Blind vehement für Versöhnung und Verständigung mit dem französischen Volk.
Auch den imperialen Einheitsrausch von 1871 macht er nicht mit. Ernüchtert über die demokratiefeindliche Entwicklung findet Freiligrath wieder zu seiner humanen, weltbürgerlichen Einstellung zurück und zitiert mehr als einmal Heinrich Heine:
»Bedenk ich die Sache ganz genau,
So brauchen wir gar keinen Kaiser«.
Und an Berthold Auerbach schrieb er:
»Ich brauche Dich nicht daran zu erinnern, wie ich in den Tagen der Gefahr mich rückhaltlos auf die nationale Seite gestellt habe.

Daß ich darum aber das Reich, wie es aus dem Kampfe hervorgegangen ist, für das Höchste halten sollte, für das Ideal, nach dem wir alle gestrebt, für das wir Kerker und Exil nicht gescheut haben, das, mein Lieber, fällt mir nicht ein!«

Ein weiteres Zeichen setzt Ferdinand Freiligrath schließlich mit seiner Teilnahme an der Totenfeier für »den alten Preußenhasser« Georg Herwegh im Frühjahr 1875 in Baden-Baden. Dabei wird der letzte Wille seines Freundes, Rivalen und Mitstreiters bekannt gegeben, seinen Sarg in die Schweiz zu überführen, da er nicht in der Erde eines Landes begraben sein wolle, in dem es noch Fürsten, Könige und Kaiser gibt.

Die letzte Reise des alten Freiligrath wurde auch als eine Demonstration gegen das selbstherrliche neue »Reich der Reichen« gewertet, einer Germania, der Herwegh vorgehalten hatte, dass sie »gottesgnadentrunken« die Freiheit und das Menschenrecht vergessen habe:

»Du bist im ruhmgekrönten Morden/
Das erste Land der Welt geworden/
Germania, mir graut vor dir.«


Ein Jahr später stirbt Ferdinand Freiligrath, der Dichter des Liebesschmerzes und der Freiheitslust, in Stuttgart-Bad Cannstatt. Es ist der 18. März 1876, der Jahrestag der Berliner Barrikadenkämpfe, an die seine gewaltigste Dichtung erinnert:

**Die Toten an die Lebenden.**

( Ferdinand Freiligrath, »Wir sind das Volk!« von Michail Krausnick in DIE ZEIT, Zeitläufte, Juni 2010, sowie Vortrag »Trotz alledem«, Rheinland-Pfälzische Landesbibliothek, Koblenz, November 2010)

# Emma Herwegh
## Amazone der Freiheit
**NICHT MAGD MIT DEN KNECHTEN**

Das Leben der Emma Herwegh (1817–1904), der Republikanerin, Kämpferin, Liebenden - die in einer Nacht des Revolutionsjahres 1848 zur ersten Heerführerin der deutschen Geschichte wurde

Paris im Frühjahr 1893. Ein junger Mann, ein Schriftsteller aus Deutschland, eilt durch die Stadt, in die Rue des Saints-Pères No 40.
Er hat die Adresse gerade erst bekommen, kann sich kaum vorstellen, dass die Frau, die er sucht, überhaupt noch lebt. Dass es sie überhaupt gibt, diese legendäre Gestalt, die einst, vor bald einem halben Jahrhundert, in Männerkleidern für Freiheit und soziale Gerechtigkeit das Leben wagte: »Und durch Europa bahnen wir / der Freiheit eine Gasse!«
Frank Wedekind, der junge Mann, findet die alte Dame, Emma Herwegh, Witwe des deutschen Freiheitsdichters Georg H., gesund und heiter in der Straße der heiligen Väter. Sie gibt ihm Sprachunterricht, lektoriert sein Stück »Die Büchse der Pandora«, prüft die französischen Passagen; sie erkennt sofort das außergewöhnliche Talent. Die 76-Jährige Witwe bemuttert und berät den 28-Jährigen, verwöhnt ihn mit Datteln, Marzipan, mit Rum und Zigaretten. Auf dem Sofa der ärmlichen Mansardenwohnung entwickelt sich eine »merkwürdig schöne Vertrautheit«, oft geht der Blick zurück. Früh war sie eine Persönlichkeit, die junge Emma

Siegmund, geboren am 10. Mai 1817 als Tochter des Berliner Seidenwarenhändlers und Hoflieferanten Johann Gottfried Siegmund, eine der, wie es einst so schön hieß, begehrtesten Partien der Stadt. Charmant, umfassend gebildet, nicht zuletzt ausgestattet mit einer üppigen Mitgift. Von akademischen Lehrern privat erzogen, beherrschte sie sieben Sprachen, musizierte, zeichnete, schrieb Gedichte. Die Familie wohnte vis á vis vom Schloss, führte einen glänzenden Salon. Wenn Emma Schnupfen hatte, kam der Leibarzt des Königs. Was sie keineswegs hinderte, den borniertem Hohenzollern von Herzen zu hassen. Beim Bogenschießen im Park, berichteten Vertraute, habe sie am liebsten auf Abbilder des Preußenkönigs oder des russischen Zaren gezielt: in tyrannos - gegen die Unterdrücker der deutschen und der polnischen Freiheit. Emma ritt wie der Teufel, schoss mit Pistolen, schwamm bei Mondschein in Flüssen und Seen, turnte, rauchte. Sie besuchte die rapide wachsenden Elendsviertel Berlins und betreute Polens Freiheitskämpfer im preußischen Gefängnis. In ihren eigenen Kreisen fühlte sie sich kaum noch zu Hause. Sie bekam Wutanfälle, schmiss Türen, mischte sich in die Gespräche der Offiziere und Minister. Machte ironische Bemerkungen. Vergraulte die Bewerber. In ihren Tagebüchern lässt sie ihrem Hohn über das Berliner Männermaterial freien Lauf: »Beamtenseelen«, »Philister«, »liberales Pack«, »Schöngeister«, »entmarkte Gesellen«, »fahle Brut«, »Hofschranzen«, »Speichellecker«. Nur einen Künstler wie Franz Liszt oder Freiheitskämpfer mochte sich Emma als Gefährten vorstellen. Ein Zurück hinter die Tage der Französischen Revolution war für sie undenkbar.

»Und wo es noch Tyrannen gibt,
die laßt uns keck erfassen!
Wir haben lang genug geliebt,
wir wollen endlich hassen!«

Als Emma Siegmund 1841 diese Verse zum ersten Mal las, habe sie es sofort gewusst und vor der Familie ausgerufen: »Das ist die Antwort auf meine Seele!« Dabei wusste sie damals so gut wie nichts über den Verfasser, nicht wie er aussah, nicht einmal seinen Namen, denn das Bändchen, das in ganz Deutschland Furore machte wie kein Werk seit Schillers Räubern, war anonym erschienen: »Gedichte eines Lebendigen«. Erst nach und nach sickerte durch, dass er Schwabe sei, im Schweizer Exil leben müsse, da er sich als Rekrut geweigert habe, Loblieder auf den König zu singen und im Stuttgarter Opernhaus »württembergische Uniformen« zu grüßen. Rasend schnell hatte sich dieser Namenlose einen Namen gemacht. Unerhört waren seine Töne: »Reißt die Kreuze aus der Erden, / alle sollen Schwerter werden!« Obgleich die Gedichte sofort verboten waren - heimlich eingeschmuggelt, unterm Ladentisch verkauft, auswendig gelernt und gesungen -, machten sie den 24-jährigem Georg Herwegh über Nacht zum erfolgreichsten Lyriker seiner Zeit. Theodor Fontane, Gottfried Keller und Karl Marx, alle im selben Alter wie der Dichter, gehörten zu seinen begeisterten Lesern. Seine größte Bewunderin freilich war Emma Siegmund. Unter dem Vorwand, unbedingt ein Porträt von ihm zeichnen zu müssen, setzte sie alles daran, ihren Papiergeliebten nach Berlin zu locken. 50 Jahre später in Paris - die Mansarde ist wie ein kleines Herwegh-Museum eingerichtet.

Illustre Gestalten blicken aus goldenen Rahmen auf Wedekind herab: Victor Hugo, Bakunin, Hecker, Garibaldi, Liszt, Feuerbach, Fanny Lewald, George Sand, Marie d'Agoult - nahezu das ganze Jahrhundert ist versammelt. Marx, Heine und die (späteren) Intimfeinde Herzen und Wagner allerdings müssen in der Schublade bleiben. Am Ende aber dreht sich dann doch alles um den vergötterten Gatten. Ein Foto auf dem Schreibtisch zeigt ihn kurz vor seinem Tod 1875, freundlich lächelnd, mit Vollbart, keineswegs verbittert, eher philosophisch versonnen. Der Vergessene, im neuen deutschen Kaiserreich Verbotene. Ein großes Ölgemälde dagegen erinnert an den jungen »Lebendigen«, verträumt-romantisch in die Ferne blickend, wo die Freiheit wohnt. Herwegh, im Herbst 1842 ohnehin auf einer Tournee (die zum Triumphzug wurde) im zwischenzeitlich etwas liberaler gestimmten Preußen, nahm Emma Siegmunds ungewöhnliche Offerte an. Und schloss - es war Liebe auf den ersten Blick - sieben Tage später bereits die Verlobung mit seiner drei Wochen älteren Verehrerin. »Das Mädchen ist noch rabiater als ich und ein Republikaner von der ersten Sorte!«, jubelte der Bräutigam. Und die Braut versprach: »Schatz, wenn Krieg wird, zieh' ich mit, mein Reiten soll mir zu statten kommen, das soll eine Schlacht werden!« Zunächst aber mussten beide fliehen. Die Könige von Preußen, Sachsen und Württemberg ergriff ein dunkles Unbehagen angesichts der rebellischen Kraft, die aus Herweghs Liedern drang, und verbannten den jungen Dichter ein für alle Mal aus deutschen Landen. In Paris fand das junge Ehepaar Asyl. Eine zunächst geplante Wohngemeinschaft mit Jenny und Karl Marx und dem Publizisten Arnold Ruge samt Frau scheiterte, doch Emmas Mitgift ermöglichte eine eigene Wohnung. Bald schon blühte der Salon, Turgenjew, Liszt, Herzen, Bakunin verkehrten hier, Victor Hugo, George Sand und viele andere Politiker und Künstler. Während ihr Mann literarisch-politische Zeitschriften plante, seine Gedichte und Essays schrieb, übersetzte die polyglotte Emma Aufrufe und Flugschriften ihrer polnischen, russischen und italienischen Freunde und soll - laut Spitzelbericht - auf einem Wirtshaustisch stehend vor deutschen Handwerkern sozialistische Reden gehalten haben.

Im Pariser Exil weitete sich der Blick der Flüchtlinge. Soziale Fragen wurden debattiert, europäische Ideen, und die Utopie einer gerechten Weltordnung entwickelt. Emma Herwegh führte fleißig Tagebuch. Dort finden sich allerdings auch erste Tränenspuren. Andere Frauen wie die Gräfin d'Agoult erhoben ebenfalls Anspruch auf den so poetisch aussehenden Poeten, überzeugt, dass er ganz der Freiheit gehöre, auch der erotischen. Emma, dreimal schwanger in jener Zeit, versuchte tapfer zu sein und hoffte, dass nach der Revolution alles radikal anders würde. Und 1848 kam sie, die Revolution. In nur drei Februartagen befreiten sich die Franzosen vom korrupten Regime des »Bürgerkönigs« Louis Philippe. Auch Deutsche Arbeiter standen in Paris auf den Barrikaden. Schwarz-Rot-Gold wehte vereint mit der Trikolore und anderen europäischen Freiheitsfarben. Mehr als 60 000 Deutsche lebten dort. Politisch Verbannte und »Wirtschaftsflüchtlinge«: Handwerker und verarmte Bauern, die in den Manufakturen ihr Brot suchten. Als wenig später Volksaufstände auch Berlin, Dresden und Wien erschütterten, wollten viele von ihnen zurück und sich in der Heimat eine bessere Zukunft erkämpfen. Zum Anführer ihrer Demokratischen Legion aber wählten sie keinen

Offizier, sondern einen Dichter. Militärische Erfahrung hatte Georg Herwegh allerdings lediglich als Deserteur, doch wen störte das? Emma Herwegh kramt in ihren Schubladen und Schachteln, zeigt Frank Wedekind ihre Reliquien von 1848: ihre Revolutionskokarde, einen Samtfetzen vom Thron des Louis Philippe. Wedekind ist fasziniert von dieser Frau. In den Pariser Jahren sitzt er nahezu täglich auf ihrem Sofa, bevor er zu jüngeren Frauen geht, »Liebe machen«. Er führt Emma aus, feiert Silvester mit ihr. Wie intensiv die Beziehung mit der Zeit wurde, verrät Wedekinds Tagebuch. Sie lästern, klatschen, amüsieren sich. Mit Wut und Ohnmachtsanfällen reagiert Wedekind dagegen auf Emmas Sohn Marcel. Er ist geradezu eifersüchtig auf den von seiner Mutter vergötterten Violinisten - der wiederum spottet über den merkwürdigen »Geliebten« seiner Mutter. Plötzlich dreht sie sich um und hat zwei Pistolen in der Hand. Wedekind zuckt zusammen. Es sind die berühmt-berüchtigten, mit denen sie 1848 in den Freiheitskampf zog. Aber sie hat noch mehr Erinnerungsstücke. Das Wichtigste: ein Buch aus jener Zeit, ihr erstes und einziges, »Die Geschichte der Deutschen Demokratischen Legion«. Auf die Nennung ihres Namens habe sie verzichtet. Es sei ihr nicht um Ruhm gegangen. Einzig und allein »im Interesse der Wahrheit« habe sie geschrieben, gegen die Verleumder. Kaum gedruckt, sei es auch schon verboten und beschlagnahmt gewesen. Einige Exemplare konnte sie retten. Eins schenkt sie ihrem jungen Freund. Wedekind verspricht, einen Verleger zu finden. Es ist die Geschichte jenes Frühjahrs 1848. Nach tagelangen Fußmärschen sammelten sich die Legionäre in Straßburg, um über den Rhein zu setzen und gemeinsam mit Friedrich Hecker, dem Anwalt aus Mannheim, die

Republik zu erkämpfen. Doch am deutschen Ufer wurde bereits kräftig die Franzosenangst geschürt. Die zensierte Presse verbreitet, französische Banditen wären plündernd und brennend in Baden eingefallen. Emma und Georg Herwegh antworteten mit Flugblättern: »Wir sind keine Freischaren! Wir sind deutsche Demokraten, wollen alles für das Volk! Wir wollen die deutsche Republik!« Hecker zögerte, die Hilfe anzunehmen. Die Hetzkampagne hatte Wirkung getan. Emma Herwegh übernahm die Initiative. Getarnt ging sie über den Rhein und durchquerte die feindlichen Linien. Zu Fuß, zu Pferd, zu Esel, mit der Bahn und auf Leiterwagen. Sie fand Hecker in seinem Hauptquartier und verabredete die Vereinigung der Heerscharen. Innerhalb weniger Tage war die Legion bereits stark zusammengeschmolzen. So blieben nur 649 Männer und eine Frau, die über den Rhein setzten und auf den schneebedeckten Schwarzwald zumarschierten. Doch als die Legion den verabredeten Treffpunkt erreichte, war Heckers Freiheitsheer bereits geschlagen und in Auflösung begriffen. Die Herweghs mussten die Legion retten, in der Schweiz neu sammeln. Gejagt von preußischen, hessischen und württembergischen Soldaten versuchten sie, in nächtlichen Gewaltmärschen auf steilen Gebirgspfaden durch Schnee und Morast zu entkommen. Emma, zwei Pistolen und einen Dolch im Gürtel, marschierte in vorderster Reihe, schmierte im Nachtquartier die Brote, diskutierte mit. Nach drei Tagen und Nächten erreichten sie das Schwarzwaldstädtchen Zell. Während ihr Mann und die Offiziere im Wirtshaus die schier aussichtslose Lage berieten - die Regierungstruppen stehen vor der Stadt-, wusste Emma Herwegh, was zu tun war. Es gelang ihr, über die Köpfe der Militärs hinweg, die Legionäre zum Weitermarschieren zu bewegen. Für eine Nacht wurde sie zur ersten Heerführerin der deutschen Geschichte. In einem strapazenreichen Marsch leitete sie die kleine Streitmacht auf gebirgigen Pfaden unversehrt durch die feindlichen Linien. Am nächsten Morgen jedoch, dem 27. April 1848, wurde die Legion kurz vor der Schweizer Grenze von württembergischen Truppen gestellt und in die Zange genommen. Es kam zu einem ungleichen Gefecht, bei dem die übermüdeten Freiheitskämpfer ihren ganzen Mut bewiesen, am Ende jedoch geschlagen werden. 30 Männer starben. Für Georg, die »Bestie«, und sie, »Herweghs verfluchtes Weib«, blieb wie für die meisten nur die Flucht. Emmas Buch hat den Kampfgefährten, den Gefallenen, den Eingekerkerten, den ins Exil Gejagten ein Denkmal gesetzt.

»Es gibt ein junges, demokratisches Deutschland! Ein Deutschland, das mit der alten Welt und ihren Sünden abgeschlossen hat. Diesem Deutschland allein übergebe ich diese Schrift. So viel Kämpfe ihm auch noch bevorstehen mögen, so viel seiner besten Kinder auch noch als Opfer des Despotismus fallen werden, ehe es Sieger bleibt, - es weiß, dass es später oder früher siegen muß ... Es lebe die demokratische und soziale Republik!«

Dass ihr Buch niemals erscheinen werde, habe sie schon beim Schreiben geahnt, erfährt der junge Wedekind. Schon im Sommer 48 war der Sieg der Reaktion nahezu perfekt, trotz des emsig tagenden Paulskirchenparla-parlaments. Und spätestens nach dem Fall Wiens und der standrechtlichen Ermordung Robert Blums am 9. November geriet die demokratische Revolution völlig in die Defensive. Der Aufstand in Baden, in der Pfalz und in Dresden, ein halbes Jahr später, konnte nichts mehr retten. Der

Niederlage folgte die Rache der Reaktion, auch in der eigenen Familie. Emma wurde enterbt. Das Wohlstandsleben war vorbei. Honorare gab es kaum noch. Hier und da ein Artikel in der Exilpresse, dann und wann eine Shakespeare-Übersetzung. Die Herweghs mußten ihre Bibliothek, die Kunstwerke, die Möbel verkaufen. Und doch: Emma Herwegh war stolz darauf, dass sich »der Lebendige« nicht wie andere ehemalige Achtundvierziger wenden und verwenden ließ. Als ein lukratives Angebot vom Herzog aus Weimar eintraf, hieß es: »Von Fürsten wird nichts genommen!« Lieber schnorrte und pumpte sie hinter dem Rücken ihres Mannes den Unterhalt für die fünfköpfige Familie zusammen. Trotz der Misere gelang es ihr, inzwischen im Züricher Exil, noch einmal einen großen Salon zu führen. Gottfried Keller, Richard Wagner, Gottfried Semper, Ferdinand Lassalle, die Gräfin Hatzfeld und viele andere waren ihre Gäste. Vor allem aber Emigranten aus ganz Europa, darunter viele Italiener. Felice Orsini, Giuseppe Mazzini, Piero Cironi - bei ihr liefen die Fäden zusammen. Emma übersetzte Giuseppe Garibaldis Schriften, warb deutsche Freiheitskämpfer für sein Heer, gab ihnen Italienischunterricht, sammelte Spenden und schmiedete mit Ferdinand Lassalle und dem Guerilakriegsexperten Wilhelm Rüstow Pläne für die Erstürmung des Vatikans ... Wedekind kommt aus dem Staunen nicht mehr heraus. Und noch immer ist Emma Herwegh in der Pariser Gesellschaft eine geachtete und einflussreiche Persönlichkeit. Wedekind muss später bekennen, dass er ihr so »ziemlich alles zu verdanken habe, was er in Paris Gesellschaftliches kennengelernt und genossen« habe. Ihre Beziehung gewinnt eine für damalige Verhältnisse einzigartige Vertrautheit. Wedekind studiert ja gerade die Liebe und die Frauen, die Lulus und die anderen. Auch da hat Emma Herwegh schamlos viel zu erzählen. Zum Beispiel über ihre oftmals verzweifelten Versuche, freie Liebe zu leben und Treue zu retten. Besonders ihre Rolle in der geheimnisumwitterten »Herzens-Affäre« interessiert den jungen Dichter - eine Affäre, die in den fünfziger Jahren des 19. Jahrhunderts europaweit Skandal gemacht hatte ... Alexander Herzen, der russische Schriftsteller und Philosoph, war lange Zeit Herweghs engster Freund, die Familien wohnten sogar einträchtig unter einem Dach. Solange bis sich zwischen Herwegh und Herzens »engelhaft schöner« Frau Natalie eine leidenschaftliche Beziehung entwickelte, die in ein Drama mit gegenseitigen Duellforderungen, Mord- und Selbstmorddrohungen eskalierte. Emma, weniger die Betrogene als die Vertraute ihres liebeskranken Mannes, versuchte, ein Blutvergießen zu verhindern, und »dampfte« (laut Gottfried Keller) eine Zigarette nach der anderen. Am Ende trennte sie sich für eine Probezeit - von ihrem Mann und fand Unterschlupf bei ihren italienischen Freunden in Nizza. Fast alle hier seien bald mehr oder minder verliebt in sie gewesen, heißt es. Ob ihr größter Verehrer, der Revolutionär und Bombenleger Felice Orsini, auch ihr Geliebter war, wie alle Welt meinte, verrät sie Wedekind nicht. Verbürgt ist nur, dass sie Orsini aus dem Kerker von Mantua befreite. Sie schmuggelte ein Buch mit Feile in die Zelle sowie einen Mantel, dessen Knöpfe mit Opium gefüllt waren, um die Wärter zu betäuben. Den von ihr gefälschten Pass bewahrte sie auf, dazu ein Medaillon und eine Locke des Freundes, der 1858, nach einem Attentat auf Napoleon III., unter dem Fallbeil starb. Zwei Jahre hielten es Georg und Emma Herwegh ohne einander aus - dann lebten sie wieder zusammen, überzeugt von der Unverbrüchlichkeit ihrer Liebe.

Für Emma Herwegh ist der junge Wedekind ein Geschenk des Himmels. Sie zeigt ihm alles, was sie von und über Herwegh hat. Zensierte, beschlagnahmte Schriften, seine ungedruckten Manuskripte. Der *Lebendige* war ja keineswegs verstummt, wie immer behauptet wurde. Wedekind muss an seinen eigenen Vater denken, der 1848 auch auf der »richtigen Seite« gestanden hat und nach Amerika geflohen war. Der wie die Herweghs ein Leben lang an Deutschland litt und als Bismarcks Blut- & Eisen-Politik das Reich geschaffen und damit das freie Deutschland endgültig zerstört hatte, angewidert mit der Familie ein zweites Mal in die Schweiz ausgewandert war. Wedekind bewundert Herweghs Konsequenz, seine Attacken gegen »Kriegsidiotentum, Gewalt«, gegen die mittelalterliche Kaiserattrappe und das »Reich der Reichen«, in dem Demokraten unterdrückt und die Armen »verkauft und verraten« waren und immer noch sind. Und er hält das Versprechen, das er seiner alten Freundin gegeben hat. Zurück in Deutschland, setzt er alles daran, einen Verleger für Herweghs Werke zu finden. 1896 eröffnen Wedekind und Albert Langen zudem ihre Zeitschrift Simplicissimus, die zum bedeutendsten deutschen Satireblatt der Kaiserzeit werden sollte, mit Herweghs verbotenen Versen. Langen hat dank Wedekinds Vermittlung den Nachlass aufgekauft. Eine besondere Genugtuung aber ist es für Emma Herwegh, dass im selben Jahr ihre »*Geschichte der deutschen demokratischen Legion*« endlich in Deutschland erscheinen kann. Acht Jahre später stirbt sie, am 24. März 1904 in Paris. Neben ihrem Mann wird sie beigesetzt, auf dem Friedhof von

Liestal bei Basel, in der Schweiz. Ihre letzte Ruhestatt, so hatten sie sich beide geschworen, dürfe nur in einem demokratischen Land liegen. In freier Erde.


QUELLE:
Artikel des Autors in DIE ZEIT, Zeitläufte, 13/2004;
hierzu auch: Michail Krausnick: »Die eiserne Lerche– Georg Herwegh, Dichter und Rebell, Signal Verlag, Baden-Baden 1991, Deutscher Jugendliteraturpreis 1991; sowie Michail Krausnick: »Nicht Magd mit den Knechten!« – Emma Herwegh, Marbacher Magazin, 83/1998 Deutsche Schillergesellschaft, Marbach.

# PAUL HEYSE (1830–1914)

– gründlich vergessen

**Nobelpreisträger der Literatur**

»Nun aber flüstert leise:
Ich singe von Paul Heyse.
Blast duse, alle Flötchen,
Es gilt jetzt unser Goethchen
Der Damen holdsten Sänger,
Den süßen Backfischfänger.
Gesalbt sind seine Löckchen
Und alle Unterröckchen
Beginnen bang zu zittern,
Wenn seinen Duft sie wittern:
Klettenöl und Patschuli,
Höheretöchterpoesie.«

Otto Julius Bierbaum, dem wir diese Spottverse verdanken, hatte gut frotzeln. Paul Heyse war zu diesen Zeiten, um 1900, bereits seit Jahren die Zielscheibe Nummer 1 für die naturalistische Literaturkritik, der Lieblingsclown und Prügelknabe der Fortschrittlichen, so daß es damals beinahe schon zum guten Ton gehörte, über ihn süffisant die Nase zu rümpfen. Man hatte den besseren Geschmack und trug ihn mit Kennermiene zur Schau, wie stets, wenn Generationen und deren Kunstideale durch neue abgelöst werden. Paul Heyse, der einst vielgefeierte und hochgerühmte, war für das gebildete Publikum, jedenfalls das mit der Zeit Schritt haltende, »gestorben«. 15 Jahre nach seinem wirklichen Tod, 1929, hatte Tucholsky Schwierigkeiten, sich überhaupt noch zu erinnern:

»Sich vorzustellen, dieser geölte Friseurkopf sei einmal ein Dichter gewesen, ist für uns nicht ganz einfach; auch der Gedanke, daß es ein 'Heyse-Archiv' gibt, ist recht erheiternd. Immerhin: er hat den Nobelpreis gehabt. (Kennen Sie auch nur einen von den Preisrichtern bei Namen? Na, dann ist's gut.) Den Nobelpreis also - und er hat sehr schöne Übersetzungen aus dem Italienischen gemacht ... aber ich ja nicht. Mein Gott, ist das alles tot! (...) Tot. Mausetot. Und Heyse ist ja wohl rund dreißig Jahre dahin ... stimmt das? Ich weiß es nicht einmal.«

Wenn es auch nicht ganz stimmte, Tucholsky hatte trotzdem recht. Paul Heyse war 1929 zumindest literarisch schon lange tot, zu Recht wohl aus der poetischen und belletristischen Landschaft verdrängt durch Namen wie Thomas und Heinrich Mann, Rilke, Hofmannsthal oder auch Gerhart Hauptmann. Daß Heyse noch 1880 im deutschen Schrifttum hohes und höchstes Ansehen genoß, ja von 1850 an über drei Jahrzehnte als der legitime geistige Nachkomme Goethes galt – seine Gegner verspotteten ihn später als »Stellvertreter Goethes auf Erden« –auch das will man heute fast nicht mehr glauben. Den Nobelpreis freilich, an ihn als dem ersten deutschen Dichter im Jahre 1910 verliehen, erhielt er dann schon beinahe post festum, mehr als Geburtstagsgeschenk zum Achtzigsten denn als Anerkennung seiner literarischen Leistung. Damals, 1910, war allenfalls noch Nostalgie mit im Spiel, auch auf seiten der schwedischen Preisverleiher, die Heyse von ihrer eigenen Jugendzeit her als einen der beliebtesten Novellenautoren in Skandinavien kannten. »Der Preis belohnte Vergangenes«, konstatierte dann später Dr. Gunnar Ahlström, ein Mitglied des Schwedischen Instituts.

Paul Heyse wurde am 15. März 1830 in Berlin geboren. Sein Vater und Großvater waren bereits gefeierte Größen der Wissenschaft in Deutschland, beide Philologen, wobei die bekannte Heysesche Grammatik und das »Fremdwörterbuch« auf den Großvater

Johann Christian August zurückgeht. Der Vater Karl Wilhelm Ludwig war eine ebenso zartfühlende wie starke Forschernatur – wie es in der Laudatio zur Nobelpreisverleihung von Af Wirsen heißt, dem Sekretär der Schwedischen Akademie, der dann fortfährt:
»Von seiner Mutter, Julie Saarling, in deren Adern östliches Blut floß, hatte der Sohn wohl das lebhafte Temperament geerbt. Heyse, sowohl geistig wie körperlich von der Natur in jeder Hinsicht begnadet, hatte auch das Glück gehabt, in einem Elternhaus aufzuwachsen, das keinerlei Sorgen kannte ... «
»Alles fiel ihm leicht«, wie man zu sagen pflegt.
Bereits als Gymnasiast fand Heyse Einlaß in die akademischen und schöngeistigen Kreise Berlins. Über seine Mutter gab es eine verwandtschaftliche Beziehung zur Familie Mendelssohn, die Türen zu den musikalisch-literarischen Salons des gebildeten Besitzbürgertums standen ihm offen. Umfassend gebildet, sprachgewandt und belesen dichtet, zeichnet und übersetzt sich der junge Heyse, von den Eltern stets bestätigt und animiert, seit seinem 15. Lebensjahr in eine biedermeierliche Künstlerrolle hinein. Die Schule läuft nebenher, selbstverständlich zählt er auch hier zu den Besten. Noch vor dem Abitur entdeckt der Erfolgslyriker Emanuel Geibel das junge Talent und führt es im Hause des Kunsthistorikers Franz Kugler ein, in dem Heyse schon bald Freundschaft mit Theodor Fontane, Jakob Burckhardt, Adolf Menzel und Theodor Storm schließt.
Lediglich in den Revolutionsjahren 1848/49 kommt es zu einer Unterbrechung der Karriere:
»Ich bin mein Lebtag nicht so aufgeregt gewesen als in der Nacht von Sonnabend zu Sonntag. Denk aber auch: Vierzehn Stunden Kampf zwischen Bürgern und Soldaten, (...). Ich begreife die Wut. Ich habe die Leichen auf dem Rathaus liegen sehn, junge kräftige Gestalten mit Blut besudelt, ein Loch in der Brust oder im Schädel, und die Weiber kamen heulend die Treppen herauf, aber die Brü-

der und Söhne der Erschlagnen standen bleich vor Wut und miteinander heftig flüsternd umher. Das macht der König nicht gut mit neuen Ministern. Nachher wurden die Gefallenen unter Choralgesang und Wutschreien vors Schloß getragen, auf Bahren mit Reisern und Kränzen geschmückt, und man zwang den König, auf den Balkon zu treten. Er kam endlich mit der Königin und mußte die armen Opfer sehn und den Ruf hören: »Das ist dein Werk!« Am Palais des Prinzen von Preußen steht mit großen Kreidebuchstaben: »Eigentum des ganzen Volkes!«. Eine dreifarbige Kokarde steckt an meinem Hut, wenn ich meine Eltern nicht hier hätte, hätte ich mitgefochten und zöge jetzt mit den andern nach dem Zeughause, um mich der Bürgerbewaffnung anzuschließen.« Statt dessen entrichtet der junge Heyse der Politik auf poetische Weise seinen Zoll. Auf einem Flugblatt erscheint sein erstes gedrucktes Gedicht:

Frühlingsanfang 1848

Frühling ist als Werber kommen,
Hat die Fahn' zur Hand genommen
Mit den Farben schwarz-rot-gold,
Und sie flattern aufgerollt
In die deutschen Lüfte ...

Das Revolutionserlebnis blieb Episode. Es wäre Heyses bald beispielloser Karriere als gefeierter Hofdichter auch abträglich gewesen, hätte er nach dem Scheitern der Revolution nicht zu der resignierenden Geste gefunden, die für den Großteil der Intelligenz in der Restaurationsepoche typisch war, nämlich: das politische Geschäft sei den Fachleuten – Spezialisten vom Schlage Bismarcks also – zu überlassen.

»Meint ihr, ein jeder sei dazu geschickt,
Daß er das Staatswohl überwache?
Ein jeder weiß zwar, wo der Schuh ihn drückt,
Doch Rat zu schaffen ist des Schusters Sache.«

Heyse kehrte also brav ins Biedermeier zurück. Und als poetischer Verkünder bürgerlicher Abgeklärtheit kann er auch bald das Vakuum ausfüllen, das die nunmehr verbotenen und verdrängten politischen Vormärzdichter gelassen hatten. Zu Beginn der zweiten Jahrhunderthälfte gehörten die Märchen, unterhaltsam-eleganten Novellen und auch die kunstvollen, geistreichen Gedichte aus Heyses Feder zur Vorzugslektüre des Bildungsbürgertums. Theodor Fontane, der den Freund auch als Mittelpunkt der Berliner Dichtergesellschaft »Tunnel über der Spree« erlebte, feierte ihn 1853 als ausgesprochenen »Liebling der Musen«:
»Er ist in der Tat ein Liebling der Grazien, sein ganzes Wesen ist Reiz. Wenn er spricht, ist mir's immer, als würden reizende Nippsachen von Gold und auch von Bronze, aber alle gleich zierlich gearbeitet, über den Tisch geschüttet. Man sieht hin, das Auge lacht über die bunten Farben und schönen Formen, und ein unwillkürliches »Ah!« ringt sich von der Lippe... Wenn unter allen jungen Poeten einer ist, den die Götter zu etwas Höchstem und Größtem bestimmten, so ist er's. Er könnte leicht berufen sein, alles das, was in diesem Augenblick in Deutschland dichterischen Klang und Namen hat, in den Schatten zu stellen.«
Ähnlich emphatisch schrieb Theodor Storm über Heyse an seine Eltern, nachdem er ihn im Kugler-Kreis kennengelernt hatte: »Der junge 24jährige Dichter Dr. Paul Heyse ist die hübscheste, poetischste und geistvollste Erscheinung, die mir je vorgekommen.«
Heyse war in der Tat ein Bilderbuch-Dichter: ebenmäßige Gesichtszüge, hohe Stirn, Künstlermähne, Künstlerhut – die Pose auf gute deutsche Dichter- und Denkerart – den Geschmack aus

Italien, wo er den für »höhere Söhne« obligatorischen Bildungsaufenthalt genommen hatte: der geborene Repräsentant. Und schon wartete die Rolle des Hofdichters auf ihn. Maximilian II. von Bayern, wissenschaftlich und schöngeistig interessiert, sammelte oder besser: kaufte sich gerade eine königliche Tafelrunde zusammen – Dichter und Gelehrte, die politisch enthaltsam waren und ein gewisses Prestige besaßen. Auf Vermittlung Emanuel Geibels kommt auch der Star der Berliner Salons in den Genuß königlich-bayerischer Huld. Wie weiland Goethe nach Weimar, zieht Heyse nach München, und zwar mit keiner anderen Verpflichtung, als für jährlich 1000 Gulden einmal in der Woche an einer Soiree des Königs teilzunehmen. Eine Professur kann er sich außerdem noch aussuchen.

Theodor Fontane, immer um die eigene materielle Existenz besorgt, hätte wahrhaftig gern mit dem Glückskind getauscht:


»Mein lieber Paul,

Du sitzt nun an der Quelle
Des besten bayrischen Biersch,
Du hast eine gute Stelle
Und siehst den Professor Thiersch,
Du hast eine wahre Perle
Von Frau, und ein nobles Quartier -
Ach mehrere arme Kerle
Möchten tauschen mit Dir ...«


Allerdings gab es schon bald die ersten skeptischen Stimmen, die auf die Gefahren der anachronistischen Hofpoetenrolle und des allzu leichten Erfolges hinwiesen. Der Literaturwissenschaftler Robert Prutz sah in Heyse scharfsichtig den »poetischen Repräsentanten unserer gegenwärtigen Reactionsepoche«:

»Was wir diesem Dichter zunächst wünschten, das wären große und bedeutende Lebenserfahrungen, welche, und sollte es auch mit unsanftem Streiche sein, die allzuglatte Schale seines Wesens zerschmetterten und den Kern tieferer Empfindung und wahrer Leidenschaft, der doch hoffentlich in ihm liegt, zu Tage förderten. Es taugt dem Poeten nicht, wenn die Hand des Schicksals ihn allzusanft führt oder wenn er allzuwenig erlebt.«
Auch Gottfried Keller, langjähriger Freund und Briefpartner, äußerte Bedenken:
»Wenn der arme Heyse nur bald aus der unglücklichen Konstellation zwischen den beiden Süßwasserfischen Kugler und Geibel, über welchen der König von Bayern schwebt, herauskommt. Wenn etwas Selbständiges in ihm steckt, so wird und muß er bald über die Schnur hauen.«

Er tat es nicht. Ohne Kontakt zur sozialen Wirklichkeit seiner Tage, unter der Käseglocke einer künstlichen akademisch-schöngeistigen Umgebung produzierte der – wie Thomas Mann ihn einmal nannte – »sonnige und fast unanständig fruchtbare Epigone« bis zu seinem Tod im Jahre 1914 über 150 Novellen, 8 Romane, etwa 80 Bühnenstücke, mehrere Bände Lyrik, zahllose Essays und Kritiken zur Literatur und bildenden Kunst sowie Übersetzungen aus dem Englischen, Italienischen, Spanischen und Französischen. Darüber hinaus hatte Heyse entscheidenden Anteil an der Organisation des Literaturbetriebs, er spielte von früh auf eine gewichtige Rolle nicht nur in literarischen Klubs wie dem »Tunnel über der Spree« oder dem von ihm selbst gegründeten Münchener Dichterkreis der »Krokodile«. Als Herausgeber und Vermittler bemühte er sich für Fontane, Storm, Keller und viele andere um Anstellungen, königlich-bayerische Ehrengehälter, Pensionen, Verlagsmöglichkeiten, Stipendien, Auftragsarbeiten, Orden und dergleichen mehr. In seinen Briefwechseln mit Geibel, Keller, Storm, Scheffel, Jakob Burckhardt und Fontane zeigt er sich als kenntnisreicher Anreger und Gesprächspartner. Natürlich wusch auch damals schon im Literaturbetrieb eine Hand die andre, doch Heyse, das »Kind des Glücks«, stand glanzvoll über allen andern, er saß an den Hebeln: sein Wort galt etwas bei Mäzenen und Verlegern – der vermeintlich große Heyse protegierte die wirklich Großen seiner Zeit. In der nächsten Nähe freilich, in München, waren es meist ephemere Größen, mit denen er verkehrte, oder sagen wir: nicht gerade himmelstürmende Geister, eher Männer der Konvention von der Art, wie sie unter die oben geschilderte akademische Käseglocke passte. In einem biographischen Beitrag zur 1969 erschienenen Neuausgabe einiger italienischer Novellen Paul Heyses, einem Band der internationalen Sammel-Reihe »Nobelpreis für Literatur«, heißt es:

»Das literarische Leben in München nahm ... höfisch angepasste Formen an ... In dem von Heyse gegründeten »Krokodil« versammelten sich die Schriftsteller zu feierlichen »Symposien«, bei denen Frack und weiße Binde vorgeschrieben waren und wo der Adjutant vom Dienst oder der Hofmarschall präsidierte. Hier erschienen Romanciers der historischen Schule wie Felix Dahn oder Victor von Scheffel, Orientalisten wie Bodenstedt, Lyriker eines etwas überlebten Genres wie Geibel, Strachwitz, Hermann Lingg, unter ihnen aber auch einige wirkliche, wenn auch gestrandete oder vereinsamte Dichter wie Graf Platen oder der Schweizer Heinrich Leuthold, in der Mehrzahl Leute mit guten Manieren, alles andere als abenteuernde oder neuerungssüchtige Boheme. Für die zentrale Figur dieses Kreises, Paul Heyse, war bald nicht mehr nur der König, sondern das Publikum der Mäzen. Die Honorare für seine nie versiegende Produktion waren hervor-ragend, er konnte sich zwei Residenzen, eine repräsentative Villa in München und ein großes Haus am Gardasee, leisten, er erhielt neben dem Nobelpreis noch zahlreiche weitere Literaturpreise, die Ehrenbürgerschaft der Städte München und Kolberg, den Adelstitel und natürlich mehrere Orden.«

Das private Glück wäre vollkommen gewesen, hätte es da nicht den Tod der drei Kinder aus zweiter Ehe gegeben, der Ehe mit der zwanzig Jahre jüngeren Anna Schubart, die der 1862 verstorbenen Margarethe Kugler gefolgt war.

Jetzt aber, nach der von Fontane so titulierten »Heyse-Zeit«, den Jahrzehnten von 1850 bis 1880, verdunkelten Angriffe von außen auch mehr und mehr den literarischen Glanz. Bald mußte Fontane trösten:

»Die Tatsache, daß Du dreißig Jahre lang an der Tête standest, so ausgesprochen, daß Du Deiner literarischen Epoche sehr wahrscheinlich den Namen geben wirst, diese Tatsache kann durch keinen Radaubruder aus der Literaturgeschichte gestrichen werden.«

Mit den »Radaubrüdern« waren die literarischen Verfechter des unbedingten Naturalismus gemeint, die gerade eben von dem aus Skandinavien importierten *Ibsen- und Strindberg-Fieber* geschüttelt wurden und mit Heyse als dem Repräsentanten der herrschenden großbürgerlichen Salonkunst natürlich ins Gericht gehen mussten. Seinem übergroßen Erfolg und Ansehen hatte es Heyse demnach zu verdanken, dass er auch in den Genuss der kräftigsten Prügel kam, welche die Literaturkritik seiner Zeit zu vergeben hatte. 15 Jahre lang, ab 1885, führten unter anderen die Schriftsteller Michael Georg Conrad und Konrad Alberti in der »Gesellschaft«, einer der bedeutendsten Kampfzeitschriften des Frühnaturalismus, einen erbitterten Kampf gegen einen einzigen Mann, »... den großen Heyse, den göttlichen Heyse, den unsterblichen Vorkämpfer der Lüge und Lüsternheit, (...), die plastische Verkörperung der ganzen sittlichen Verkommenheit der deutschen Bourgeoisie.«

Das Arsenal an Schimpfwörtern war beachtlich. Heyses Dramen, Romane, Novellen und Gedichte erhielten die Prädikate: *Altersschwach, grauenhaft trivial, lüstern, sentimental, löschpapiermäßig, welk, epigonal, formglatt, charakterlos, unzeitgemäß, parfümiert, unmännlich, blasiert* ...

Seiner Person verliehen die »Gesellschafter« die Titel: *Pedantischer Bildungsschwätzer; Poet der Salons, Boudoirs und der höheren Töchter; Zuckerbäcker; Süßholzpoet, Scheinkünstler, geschäfteschlauer Fabrikant.*

Und – auf seine jüdische Abstammung anspielend – *Halbblut; Quecksilbernatur; Frauenherzens-Rabbiner.*
All diese Angriffe aber gipfelten in Albertis Ausspruch, der bald zu einem geflügelten Wort der literarischen Szene wurde:
»*Heyse lesen, heißt ein Mensch ohne Geschmack sein, – Heyse bewundern, heißt ein Lump sein.*«
Viel Lärm um Nichts? Das doch wohl nicht. Denn hätte es wirklich einer zwanzigjährigen stetigen Attacke bedurft, wenn Heyse tatsächlich so ein totales Nichts gewesen wäre?
Die jungen Naturalisten meinten natürlich nicht allein Paul Heyse, sondern mit ihm die gesamte herrschende, bei Publikum, Kritik und Verlegern tausendfach rückversicherte Kunstproduktion, und so war es eben auch ein grundsätzlicher Generationen-Konflikt, der da ausgetragen wurde. Der »Statthalter Goethes auf Erden« hatte ja immerhin nicht Lieschen Müller sondern das gehobene Bildungsbürgertum zum Publikum. Der Münchener Dichterfürst war Prototyp und Repräsentant einer ganzen Epoche und dazu ausersehen, stellvertretend für den restaurativen und realitätsfernen Stil der »*Heyse-Zeit*« als Zielscheibe zu dienen.
»Alles in seinen Büchern ist gemacht, nicht gewachsen, Atelierwerk, nicht Naturprodukt, geleckte Phrasenmacherei von vollendeter Bedeutungslosigkeit.«
Das heißt jedoch nicht, dass Heyse, der Atheist, der an seinem geliebten Italien stets das Heidnische und nie das Katholische bewunderte, lediglich reine Erbauungsliteratur schrieb. Im Gegenteil: die von ihm aufgegriffenen Konflikte streiften nicht selten die Grenze der herrschenden Moral, es waren ja sogenannte »merkwürdige Fälle«, ganz im Sinne seiner berühmten Theorie von der »starken Silhouette«, dem »Falken«, den eine Novelle in sinnbildlicher Anlehnung an den tatsächlichen »Falken« aus Boccaccios »Decamerone« aufweisen müsse. Und obgleich es heute verwundert: Ab und zu versetzte Heyses Bejahung der naiven Sinnenfreude, versetzten sein offener Unglaube, sein liberales Weltbürgertum und seine erotische Kasuistik den Leser auch mal

in einen Schock. Bismarck beispielsweise soll den Roman »Kinder der Welt« sorgfältig vor seiner Tochter verschlossen haben.
»Auf Schritt und Tritt sich aufzupassen,
Was soll es frommen?
Wer nicht wagen darf
Sich gehn zu lassen,
Wird nicht weit kommen.«

Auch das ist Heyse. Er stand zeitlebens für eine liberale, aufgeklärte Geisteshaltung, verteidigte und förderte jüdische und sozialistische Kollegen, wenn er von ihrem Werk oder ihrer Persönlichkeit überzeugt war.
1864, mit dem Tod Maximilians, brach der Dichterkreis auseinander. Sein Nachfolger Ludwig II. förderte die Kultur fortan vor allem im Werk und in Gestalt Richard Wagners. Als Emanuel Geibel vom Märchenkönig gefeuert wurde und seine Pension verlor, weil er 1868 den Preußenkönig Wilhelm I. hymnisch als künftigen Deutschen Herrscher begrüßte, kündigte Heyse aus freien Stücken sein Ehrengehalt von 1500 Gulden. Der Münchener Dichterfürst konnte sich das leisten. Nicht so Geibel, dem der Preußenkönig allsogleich die alte Pension von 300 preußischen Gulden (seit 1842, vgl. Freiligrath) auf 1000 Gulden erhöhte. Emanuel, der »Herold des Reiches« (*und es mag am deutschen Wesen, einmal noch die Welt genesen*) verließ München und bedankte sich mit kaisertreuer und nationalistischer Lyrik. Die Zeit der königlichen Tafelrunden, die Bevorzugung der »Nordlichter«, »Protestanten« und »Preußen« im bayerischen Kulturleben war, was die Einheimischen freute, vorbei.
Heyse lehnte Angebote, mit Geibel nach Berlin zu gehen, ab, ebenso wie die Einladung des Großherzogs von Weimar, das Dichterpaar als Nachfolger Goethes und Schillers an seinem Hof zu installieren.
Dem 1870/71 im Krieg gegründeten Kaiserreich stand der »Kosmospolit« und Repräsentant der deutschen Literatur fern. Nur den *Frieden* wollte er feiern. Er kritisierte den Nationalismus, Fran-

zosenhaß, Antisemitismus und byzantinischen Prunk und beklagte die Enge und Kulturfeindlichkeit im neuen wilhelminischen Reich. Als »grauenvoll gottlos« wird Heyse von den Kirchenkanzeln herab verteufelt und als "nationales Unglück« von den Nationalisten beschimpft, ähnlich wie sein Weimarer Vorbild. Toleranz, Liberalität und Weltbürgertum sind nach wie vor verpönt.

1887 eröffnete Paul Heyse zusammen mit Kaiserin »Sisi« von Österreich den Kampf um ein Heinedenkmal in Düsseldorf. Bürgermeister und Stadtverordnete verweigern die Errichtung, »*da Heine seiner ganzen zuchtlosen und vaterlandsfeindlichen Art nach zu den Verderbern des Volkes, zu den Vorläufern der Sozialdemokratie zählt*«.

In einem Gedicht in Heine-Manier verspottet Heyse den Kleinmut der Düsseldorfer »Schildbürger«, die sich nicht einmal über einen Loreleibronnen einigen könnten:

Soweit wär's gut, ich sag es frei,
Wenn man nicht drauf bestände,
Dass auch der Dichter der Lorelei
Am Sockel ein Plätzchen fände.
Doch man verdirbt das ganze Spiel
Mit dieser Heine-Ekstase.
Und wär's auch nur ein Bronzeprofil:
Er hatt' eine Judennase.
Die sähn mit äußerstem Verdruß
Die biedern Antisemiten.
Sie hassen den foetor judaicus
Genialer Israeliten.
Auch äußert über Altar und Thron
Der Heine sich oft blasphemisch.
Er war der Grazien Lieblingssohn,
Doch ungezogen und hämisch.

Und alle sagen: er hatte Talent,
Doch leider keinen Charakter.

Sein Vers war häufig indezent,
Sein Leben nicht intakter.
(...)
Die Väter der Stadt sie lauschten stumm
Und wiegten ernst die Köpfe.
Auf ihren Rücken tanzten herum
Verstohlen die alten Zöpfe.
(...)
Sie nahmen die Hüte und gingen fort,
Die wackren Bürger und Gatten.
Man sagt, es sei am Rathaus dort
Vorübergehuscht ein Schatten.

In den verklärten Zügen stand
Ein schmerzlicher Hohn zu lesen:
*Einst hat ich ein schönes Vaterland,*
*'s ist nur ein Traum gewesen!*

Der Erfolgsautor Heyse steht für viele Jahrzehnte weiterhin im Zentrum des literarischen und gesellschaftlichen Lebens. Er residiert wie der Maler Franz von Lenbach in einer klassizistichen Villa in der Nähe der Propyläen und hält Hof wie weiland Goethe am Frauenplan in Weimar. In der Goethe-Gesellschaft, der Schillerstiftung, dem Maximilians-Orden spielt er eine entscheidende Rolle. Er vertritt aber auch berufsständische Interessen im Schriftstellerverein, in der Genossenschaft dramatischer Autoren und wird sogar von jungen Autoren wie Karl Kraus und Frank Wedekind um Protektion gebeten. Er tritt ein für »Asylrecht«, »Frauenemancipation«, »Tierschutz« und gegen jede Art von Antisemitismus. Immer wieder sieht er sich auch selbst als »Mendelssohn der Literatur« antisemitischen Angriffen ausgesetzt. Mit zunehmendem Alter wächst seine Souveränität. Der einstige Hofdichter unterstützt materiell und ideell Kollegen wie Albert Dulk oder Bruno Schönlank, die zur Zeit von Bismarcks Sozialistengesetzen als Sozialdemokraten verfolgt und inhaftiert wurden. Er stand sogar im Verdacht, in seiner Villa aus der Schweiz ein-geschmuggelte verbotene Zeitschriften wie den »Sozialdemokrat« und sozialistische Flugblätter zwischengelagert zu haben. Nach seinem Tod 1914 würdigte ihn die »Münchener Post« in einem Nachruf als Helfer der »Verfolgten und Gehetzten« und schrieb »dass er, zusammen mit der gesamten Arbeiterklasse Deutschlands *pfiff* auf das infame Gesetz gegen die »*gemeingefährlichen Bestrebungen der Sozialdemokratie*«.

Man wird allerdings auch weiterhin zu Recht bemängeln, dass seine literarischen Werke nicht auf der politischen, sozialen und geistigen Höhe der Zeit standen und bewusst realitäts- und politikfern blieben; sie bauten ja - frei nach der Geibelschen Formel von dem »Goldgefäß«, in das der Künstler »goldnen Inhalt gießen« müsse - tatsächlich anachronistische Kulissenwelten auf, luden zur Flucht aus der Realität ein.
Und was wäre er heute? Ein Vielschreiber, ein Simmel, einer von der Art, die heute die Fernsehkanäle vollmachen?
Wir täten ihm Unrecht. Schließlich bewegen sich Heyses Dramen und Gedichte, auch viele Novellen, klassisch orientiert doch auf hohem sprachlichen und literarischen Niveau – wir nennen nur die Titel »L'Arrabiata«, »Hochzeit auf Capri«, »Das Mädchen von Treppi« und »Die Witwe von Pisa« – lesenswerte Beispiele einer kurzweiligen Gattung, die auf Posen des Tiefsinns von vornherein verzichtet. Das erzählerische Geschick Heyses, der virtuose Stil, die entspannte Leichtigkeit und zugleich Kunstfertigkeit seiner Sprache bieten auch heute noch eine unterhaltsame, bisweilen auch psychologisch fesselnde Lektüre.
Fontane schilderte sein Leseerlebnis so:
»*Man liest und liest, nirgends ein starker Ausdruck, eher etwas Leichtes, Spielendes, und wenn man zu Ende ist, so hat man eine Träne im Auge (sei's Freude, sei's Rührung), oder man atmet auf und sucht sich frei zu machen von den Mächten, die still, allmählich Gewalt über einen gewonnen haben.*

Dass eine nähere Beschäftigung mit Deutschlands meistgelesenen Dichter nach seinem Tod 1914 ausblieb, hat sicher auch mit dem ersten Weltkrieg und der NS-Zeit zu tun. Seine Werke waren vergriffen und wurden nicht mehr aufgelegt. Für das breite Publikum war er *unmodern* geworden, die kritische Intelligenz war konkreter und der literarische Geschmack anspruchsvoller. Und darüber hinaus: als Halbjude und Kämpfer gegen den Antisemitismus gehörte er zu den *Undeutschen*. Auch das wirkte nach. Paul Heyse zählt zu den größten Gedächtnislücken der deutschen Literaturgeschichte. Hätte er vor hundert Jahren nicht als erster deutscher Dichter den Nobelpreis für Literatur erhalten, was ihn ab und an unter dem Motto »Ferner liefen...« wieder ins feuilletonisische Rampenlicht bringt, so wäre er vermutlich völlig vergessen. Ein merkwürdiger Rekord also: Kein anderer deutscher Dichter wurde je so maßlos überschätzt, so begeistert und vielgelesen, so überreichlich honoriert, so verbissen befeindet, so schnell und gründlich vergessen wie Paul Heyse. Oder – um es mit einem Wort seines Biographen Theodor Fontane zu sagen:
*»Ich breche hier ab und erzähle nicht weiter von einem Leben, das, wie kein zweites, über das ich hier zu berichten habe, der Literaturgeschichte angehört.«*
Heyse scheint das vorausgesehen zu haben:

**Bei eines gewissen Dichters Begräbnis**
Wußt' auch der Pfarrer, was er sprach,
Als diesen Mann das Grab empfangen:
'Ihm folgen seine Werke nach'? –
Sie sind ihm längst vorausgegangen!

(Quelle: Michail Krausnick, Erinnerung an einen Epigonen, Rhein-Neckar-Zeitung, Heidelberg 1973;
Michail Krausnick, Heyse-Zeit – ein vergessener Nobelpreisträger, Südwestfunk, Kultur, 8.12.1974
Michail Krausnick: Paul Heyse und der Münchener Dichterkreis, Diss. phil., Bonn, Bouvier 1974)

# MANN DER ARBEIT, AUFGEWACHT!

150 Jahre SPD,
150 Jahre Bundeslied
für den ADAV

Ferdinand Lassalle(1825–1864),
Georg Herwegh(1817–1875)
und die Arbeiterbewegung

»Bet und arbeit ruft die Welt.
Bete kurz, denn Zeit ist Geld.
An die Türe pocht die Not
Bete schnell, denn Zeit ist Brot.«

Wenn an den 150. Jahrestag der Gründung der Sozialdemokratischen Partei erinnert wird, gehört auch ihr erstes Lied, das Bundeslied dazu, das kein Geringerer als der Dichter und Revolutionär Georg Herwegh schrieb. Er verfasste den  Text in großer Eile auf vehementen Druck seines Freundes Ferdinand Lassalle, der unbedingt etwas zum gemeinsamen Singen, aber auch zum Mitdenken seines Vereins brauchte – Agitprop, würde man heute sagen. Und in dieser Hinsicht gab es in deutscher Sprache nun mal keinen besseren als seinen Freund aus den alten 48er-Tagen.

»Brecht das Doppeljoch entzwei
Brecht die Not der Sklaverei
Brecht die Sklaverei der Not
Brot ist Freiheit, Freiheit Brot.«

Lassalle und Herwegh hatten sich Mitte der 40er Jahre im Exil getroffen und Freundschaft geschlossen, bei Heinrich Heine in Paris. Beide noch verdammt jung, Herwegh etwa 25, und Lassalle 20. Nicht nur Marx, Engels und Bakunin gehörten zum Freundeskreis, auch die Frauen waren dabei, die Gräfin Hatzfeld, Emma Herwegh, George Sand, die Gräfin d'Agoult und Jenny von Westphalen, bisweilen in Männerkleidern, bisweilen zigarrenrauchend. Und man dachte auch schon mal daran, zusammen zu ziehen, eine WG zu gründen. Die Gespräche damals in Paris, dem großen Wartesaal der Revolution, jedenfalls waren hochpolitisch und engagiert. Nicht nur die Freiheit der künftigen Vereinigten Staaten von Europa stand auf der Tagesordnung, auch eine gerechtere und bessere Welt.

Der Weberaufstand in Schlesien war gerade vom preußischen Militär brutal zusammen geschossen worden. Das empörte vor allem die verbannten Deutschen und fast jeder Schriftsteller, der etwas auf sich hielt, schrieb in Anlehnung an das »Lied vom Blutgericht«, ein eigenes wütiges Weberlied, allen voran Heinrich Heine, Georg Weerth und Ferdinand Freiligrath.

Georg Herwegh natürlich auch. Der junge Dichter war ja seit 1842 der größte Star der deutschen Lyrik und sogar erfolgreicher als Heine. Seine gerade erschienenen »Gedichte eines Lebendigen«, hatten, obwohl verboten, aus der Schweiz eingeschmuggelt und nur unter dem Ladentisch verkauft, gewaltigen Erfolg. Die Verse des anonymen Verfassers machten Furore. Sie waren provokant und polemisch. »Reißt die Kreuze aus der Erden, alle sollen Schwerter werden, / Wir haben lang genug geliebt, wir wollen endlich hassen / Gen Tyrannen und Philister, auch das Schwert hat seine Priester / Frisch auf mein Volk mit Trommelschlag, im Zorneswetterschein,/ Oh wag es doch nur einen Tag, nur einen, frei zu sein!«

Das war der waffenklirrende Klang der Freiheitskrieger von 1813, veredelt mit Schillerschem Pathos, aufgepeppt mit Börnes

Aggression, gepfeffert mit Heines Witz und grundiert mit Büchners sozialem Engagement: »Friede den Hütten, Krieg den Palästen!« Der neue, unerhört freche, volkstümliche Ton wurde sofort von Komponisten der Zeit wie Franz Liszt aufgegriffen und zu Protestliedern gegen das Unterdrückungssystem des Fürsten Metternich umfunktioniert.

Das war auch gut so. Da politisch aufmüpfige Lieder in deutschen Staaten sofort verboten und beschlagnahmt waren, wurden sie von jungen Freiheitfans nämlich auswendig gelernt, gesungen, oder, wenn ein Gendarm in der Nähe war, eben einfach nur gesummt. Zusammen mit der Marseillaise oder, nun ja, »Die Gedanken sind frei!«

Die Reaktion sah darin natürlich Hochverrat, oder »bubenhafte Injurien«, so der preußische Hofhistoriker Heinrich von Treitschke, kurzum, fand sie »unappetitlich« – wie eben alles Denken und Wollen, das seit dem Hambacher Fest auf demokratische Veränderung abzielte.

Damals also, um 1845, fand sich das junge Deutschland, und überhaupt fast die gesamte europäische Intelligenz, aus der Heimat gejagt, verboten und wegzensiert, im Exil wieder, und lernte Sozialismus an der Basis. Oder erfand ihn.

In den Industriemetropolen nämlich trafen unsere verbannten Dichter und Denker auf viele ihrer Landsleute, deutsche Bauern- und Handwerkersöhne, Armutsflüchtlinge, die in den Manufakturen und Fabriken der entwickelteren Länder Arbeit und Brot suchten. Und so war es kein Wunder, dass Paris, London, Lyon, Zürich oder Brüssel zu Hochschulen der Arbeiterbewegung wurden

Paris und New York beispielsweise zählten zu den größten deutschen Städten. So groß wie Köln, etwa 60 000 Migranten, schätzte man. In Paris gab es deutsches Bier, deutsche Brötchen, deutsche Gesangs- und Turnvereine. Deutsche »Moscheen«, respektive Kirchen, natürlich auch. Aber auch deutsche Spitzel und Metternichs Geheimpolizei.

Deutsche Frauen dagegen kaum. Dafür sozialistische, kommunistische und demokratische Handwerker- und Arbeiterclubs, in denen heiß debattiert wurde: über die elenden Zustände daheim und die längst überfällige Veränderung. Denn irgendwann wollten die jungen Männer ja zurück, Familie gründen, und sie ersehnten sich Zustände, die es auch armen Leuten erlaubten, zu heiraten. (Die Sozialpolitiker damals, zum Beispiel im Königreich Bayern hatten nämlich, um die Armut einzudämmen, das Sozialprogramm entwickelt, mittellosen jungen Menschen das Heiraten zu verbieten, damit Hunger, Not, Kinderarbeit und Kinderarmut sich nicht weiter fortpflanzen könnten...)

Man darf also feststellen: die soziale Bewegung, aus der später auch Lassalles Arbeiterpartei erwuchs, hatte vor allem im Exil ihre Lehr- und Wanderjahre.

Und durch die Begegnung mit der sozialen Wirklichkeit waren Vormärzforderungen wie »Einigkeit und Recht und Freiheit« – das wurde von späteren Historikern gern vergessen – von Anfang an eng verknüpft mit dem, wozu solche Ziele dienen sollten: die *Einheit* für ein besser organisiertes Deutschland, das Arbeit, Bildung und Wohlstand ermöglichen sollte, das *Recht* sollte endlich ein *für alle* gerechtes sein, und die *Freiheit* auch die Freiheit von Ausbeutung, Hunger und Not.

Oder mit Herwegh zu singen:

**Brot ist Freiheit, Freiheit Brot!«**

Keine leeren Worte für Sonntagsredner also, sondern existentielle Bedürfnisse, für die viele sogar bereit waren, ihr Leben einzusetzen.

Als dann 1848 die Franzosen ihre dritte, die Februarrevolution, gegen den bankenhörigen »Bürgerkönig« Louis Philippe machten, waren selbstverständlich auch Armutsflüchtlinge und politisch Verbannte aus Ungarn, Russland, Italien, Spanien, Polen und Deutschland mit auf den Barrikaden.

Georg Herwegh – er war nun mal der populärste und, wenigstens auf dem Papier, auch radikalste Sprecher, wurde sogleich zum Präsidenten der *Deutschen Demokratischen Gesellschaft* gewählt, und vertrat gegenüber der neuen Regierung mit schwarz-rot-goldener Trikolore offiziell das real noch gar nicht existente demokratische Deutschland.
Als es dann auch in der Heimat zu gären begann, aus Berlin, Dresden, Düsseldorf, Mannheim, Wien Aufruhr und Barrikadenkämpfe gemeldet wurden, wollten die Pariser Gastarbeiter schnellstmöglich in die Heimat zurück und mitkämpfen. Etwa 5000 trainierten bereits mit desertierten und verbannten Offizieren das Strammstehen, Hauen, Stechen und Schießen, gründeten eine Freiheitsarmee, und baten ausgerechnet ihren Präsidenten, diese Deutsche Demokratische Legion anzuführen. Herwegh als General, ein Lyriker, der ja bestenfalls als eingekerkerter württembergischer Deserteur Militärerfahrung hatte, das war natürlich schon ein wenig weltfremd, bestenfalls idealistisch, für Karl Marx ärgerlich und für die Fürstenpresse ein Anlass zu Spott und Häme.
Das Unternehmen scheiterte, – allein schon deshalb, weil der Fußmarsch aus Paris länger als gedacht war, die Arbeiterarmee zu spät kam und Hecker seinen badischen Freiheitskampf im Schwarzwald schon verloren hatte. Die Flucht und Rettung vor den heranrückenden königlich-württembergischen Truppen wurde von Herweghs Frau Emma – in Männerkleidern – bravourös organisiert. Für eine Nacht und einen Tag war sie die erste Heerführerin der deutschen Geschichte – ein weiterer Anlass, sie, den Dichter und die todesmutigen Arbeiter lächerlich zu machen.

Nach der gescheiterten Revolution und der im parlamentarischen Parteienzwist zerredeten ersten Demokratie waren die alten Kräfte erneut an der Macht und die als Hochverräter Verfolgten wieder im Exil, viele verarmt und enttäuscht. Andere, wie Hecker und Sigel waren nach Amerika ausgewandert. Politische Denker und Dichter, die ihren Idealen treu bleiben wollten, wurden erneut mundtot gemacht, ohne Perspektive, jemals wieder in Deutschland etwas veröffentlichen zu können. Lassalle, die Gräfin Hatzfeld, Emma und Georg Herwegh, Alexander Herzen u.a. aber gaben nicht auf, korrespondierten mit Marx und Bakunin, entwickelten Programme und zerstritten sich.

Die Herweghs hatten in der Schweiz Asyl gefunden, bekamen in Zürich regelmäßig Besuch von der Gräfin und Lassalle, klüngelten mit Richard Wagner, Gottfried Keller und François Wille oder schmiedeten mit Ludmilla Assing, Oberst Rüstow und deutschen Turnern Pläne zur Erstürmung des Vatikans. Garibaldis Freiheitskampf in Oberitalien war jetzt erstmal das aktuelle und erfolgsversprechende Projekt.

Schließlich träumte man nach wie vor nicht nationalistisch, sondern, wie Emma Herwegh es formuliert hatte, von einem sozialen und demokratischen Europa.

1863 jedoch – heute vor 150 Jahren – 15 Jahre nach 1848 gab es auch für die deutschen Länder eine neue Perspektive. Die Situation begann sich zu ändern, die deutschen Länder wurden industrialisiert, Arbeitskraft wurde in den Fabriken gebraucht, Arbeiter und Handwerker aus dem Ausland kehrten in ihre Heimat zurück.

Neue und alte Hoffnungen erwachten. Ferdinand Lassalle erkannte die Zeichen der Zeit, gründete und organisierte deutschlandweit den ADAV. Obgleich Herwegh sich mit keinem Parteiprogramm solidarisieren mochte, auch zu Marx und Bakunin kritische Distanz hielt und politischen Dogmatismus verabscheute, bei seinem Freund Fernando machte er eine Ausnahme und übernahm sogar das Amt als Schweizer Bevollmächtigter. Auch er sah in der künftigen Arbeiterbewegung Kraft und reale Macht und schrieb sein Bundeslied:

»Bet und arbeit! ruft die Welt,
Bete kurz! denn Zeit ist Geld,
An die Türe pocht die Not –
Bete kurz! denn Zeit ist Brot.


Und du ackerst und du säst,
Und du nietest und du nähst,
Und du hämmerst und du spinnst –
Sag, o Volk, was du gewinnst!

Wirkst am Webstuhl Tag und Nacht,
Schürfst im Erz- und Kohlenschacht,
Füllst des Überflusses Horn,
Füllst es hoch mit Wein und Korn.

Doch wo ist dein Mahl bereit?
Doch wo ist dein Feierkleid?
Doch wo ist dein warmer Herd?
Doch wo ist dein scharfes Schwert?«

Der Text war ein Volltreffer. Lassalle beschrieb die Wirkung des Liedes in einem Brief an Herwegh...
»Es hat neulich im Arbeiterverein den lautesten Enthusiasmus hervorgerufen, und auf meine Aufforderung hat sich die ganze Versammlung zum Zeichen des Dankes für den Dichter erhoben«.

Das Bundeslied, in Anlehnung an ein Gedicht Shelleys entstanden, fasziniert noch heute durch einprägsame, rhetorische Intensität und agitierende Leidenschaft.
Hans von Bülow vertonte es, und es wurde, obwohl schwer komponierbar, viel gesungen und auswendig gelernt.
Noch immer schritt ja die Polizei sofort ein und beschlagnahmte, speziell in Preußen, sämtliche Schriften und Verse des verbotenen Dichters. Doch wie schon vor 1848 die Studenten der Zensur trotzten, hatten die sangesfreudigen Handwerker und Arbeiter Herweghs Bundeslied in ihren Köpfen gesichert. Lyrik, vor allem politische, genoss noch immer ein hohes Ansehen, und wurde von den Herrschenden als wirksam und gefährlich gefürchtet.
Vor allem die letzten beiden Strophen des Bundeslieds machten Geschichte und haben Lassalle und Herwegh überlebt.

»Mann der Arbeit aufgewacht
Und erkenne deine Macht
Alle Räder stehen still,
Wenn Dein starker Arm es will!

Brecht das Doppeljoch entzwei
Brecht die Not der Sklaverei
Brecht die Sklaverei der Not
Brot ist Freiheit, Freiheit Brot.«

Wo früher in der Wohnstube an der Wand im Rahmen gestickt fromm die Worte standen:

»Genieße was Dir Gott beschieden,
Entbehre gern, was Du nicht hast!
Ein jeder Stand hat seinen Frieden
Ein jeder Stand hat seine Last!«

hieß es nun, vielleicht auch im Schlafzimmer, selbstbewusst und kämpferisch:
»Mann der Arbeit, aufgewacht!«

Die Zusammenarbeit mit Lassalle findet bald ein jähes Ende. Im August 1864 ruft der populäre Arbeiterführer Herwegh mit Telegrammen nach Basel, weiht ihn in seine unglückselige Liebesaffäre mit Helene von Dönniges ein und bittet um Rat. Vergebens warnt Herwegh den Freund davor, sich in einen Ehrenhandel drängen zu lassen. Lassalle sucht das Duell. Wenig später erhalten Emma und Georg Herwegh aufgeregte Telegramme der Gräfin Hatzfeld, die den Schusswechsel und die Verwundung melden. Herwegh vermittelt einen Arzt und eilt selbst nach Genf. Doch der Freund ist seinen Wunden bereits erlegen. Als letzten Gruß verfasst der Dichter im Auftrag der Gräfin eine Inschrift für den Sarg, die auch für ihn selbst gilt:

»Im Denken, Fühlen, Streben war ich eins
Mit dir, ich hab die Wurzeln meines Seins
So innig mit den deinigen verschlungen,
Daß selbst dem Tod die Trennung nicht gelungen.«

Herwegh distanzierte sich nach Lassalles Tod von der neuen Führung des ADAV, weil sie zunehmend auf Bismarck und nationale Einheit unter preußischer Führung setzte, trat aber später der neugegründeten SDAP unter Bebel und Liebknecht wieder bei und blieb Mitglied bis zu seinem Tod.
In dieser Zeit war aus dem Vormärzdichter von 48 der Nachmärzdichter geworden, trotz Berufsverbots kämpferischer als je zuvor, der einzige politische Dichter, der sich selbst treu geblieben war und seinen aufrechten Gang bewahrte. Die *eiserne Lerche* – so hatte Heinrich Heine einst den jungen Herwegh scherzend be-

grüßt, war nun zum wortmächtigsten Gegner jenes *eisernen Kanzlers* geworden, der den deutschen Einheitstraum kriegerisch mit Blut und Eisen verwirklichen wollte.

Schon in seinen frühen Aufsätzen und auch im Nachruf auf Georg Büchner, hatte sich Herwegh das Ziel gesetzt, ein Dichter des Volkes, der Hütten und nicht der Paläste zu werden. Bis zu seinem Tode vertrat er im »Volksstaat« zunehmend die Positionen der jungen Sozialdemokratie, schrieb für Zeitungen der Arbeiterbewegung und wurde 1866 zum Ehrenkorrespondenten der Internationalen Arbeiterassoziation ernannt.

Und endlich ermöglichte eine Amnestie in Baden die Heimkehr aus dem Exil. In bescheidenen Verhältnissen in Baden-Baden lebend, schrieb Herwegh gegen das zunehmende soziale Unrecht, gegen die Unterdrückung der demokratischen Opposition und gegen die Keime des Militarismus. Und immer wieder warnte er vor Kriegsidiotentum, Gewalt und nationaler Überheblichkeit, mahnte zur Völkerverständigung. Ein Höhepunkt sind die gegen den Krieg 1870/71 und die imperiale Reichsgründung gerichteten Attacken, in denen er den allgemeinen Schlachten- und Siegestaumel aufs Korn nahm.

»Schwarz, weiß und rot! um ein Panier
Vereinigt stehen Süd und Norden;
Du bist im ruhmgekrönten Morden
Das erste Land der Welt geworden:
Germania, mir graut vor dir!

Mir graut vor dir, ich glaube fast,
Daß du, in argen Wahn versunken,
Mit falscher Größe suchst zu prunken
Und daß du, gottesgnadentrunken,
Das Menschenrecht vergessen hast.«

»Der schlimmste Feind steht an der Spree«, »Der Stahl der Kruppschen Kanonen würde schmelzen an der Republik«, »Deutschlands Erbfeind ist Preußen«, »Nationalismus trennt – Freiheit verbindet«, »Die Rassenfrage gehört in die Gestüte – nicht in die Politik« – solche und ähnliche Spitzen behielten noch lange ihre Brisanz und sorgten dafür, dass die Gedanken und Verse des politisch Unliebsamen noch weit über seinen Tod hinaus unbequem und verboten blieben.

Mit seinem letzten großen Gedicht aber protestierte Herwegh 1873 gegen die nunmehr herrschende Geschichtsklitterung, die aus der 48er Revolution eine »bürgerliche« machen wollte. Herwegh dagegen hatte weniger die Professoren der Paulskirche vor Augen als vielmehr die jungen Barrikadenkämpfer, die sich in Paris und Berlin gemeinsam mit ihren Frauen und Kindern todesmutig den Bajonetten entgegenstellten. Und so erinnerte er zum 25. Jahrestag mit wuchtigen Versen auch an die gemeinsamen Wurzeln und die Verbundenheit der demokratischen mit der aufstrebenden Arbeiter- und Gewerkschaftsbewegung:

»Achtzehnhundert vierzig und acht,
Als im Lenze das Eis gekracht,
Tage des Februar, Tage des Märzen,
Waren es nicht Proletarierherzen,
Die voll Hoffnung zuerst erwacht
Achtzehnhundert vierzig und acht?

Achtzehnhundert vierzig und acht,
Als du dich lange genug bedacht,
Mutter Germania, glücklich verpreußte,
Waren es nicht Proletarierfäuste,
Die sich ans Werk der Befreiung gemacht
Achtzehnhundert vierzig und acht?

Achtzehnhundert vierzig und acht,
Als du geruht von der nächtlichen Schlacht,
Waren es nicht Proletarierleichen,
Die du, Berlin, vor den zitternden bleichen
Barhaupt grüßenden Cäsar gebracht
Achtzehnhundert vierzig und acht?
Achtzehnhundert siebzig und drei,
Reich der Reichen, da stehst du, juchhei!
Aber wir Armen, verkauft und verraten,
Denken der Proletariertaten –
Noch sind nicht alle Märze vorbei,
Achtzehnhundert siebzig und drei!«

»Ein Trunkenbold der Phrase« schimpfte der preußische Hofhistoriker Treitschke, auch als Judenhasser und Franzosenfresser bekannt, und der Literaturkritiker Erich Meyer nannte den Dichter »eine der unerquicklichsten Gestalten einer unerquicklichen Zeit«. Zurück zum Bundeslied.

»Bet und arbeit, ruft die Welt.
Bete schnell, denn Zeit ist Geld.«

1913, 50 Jahre nach seiner Entstehung und der Gründung des »ADAV«, erlebte das Bundeslied noch einmal einen Höhepunkt. Der Erfolg gründete sich auf den stetigen Mitgliederzuwachs der Gewerkschaften seit Aufhebung des Sozialistengesetzes, aber auch auf die Wahlerfolge der Sozialdemokraten. Die Gewerkschaften hatten inzwischen 2,5 Millionen Mitglieder. Und die SPD war aus den Reichstagswahlen 1912 als stärkste Fraktion hervorgegangen. Der Mann der Arbeit war also tatsächlich eine Macht geworden, und so schien es, aufgeweckt und aufgewacht.
Heute zeigt das Deutsche Historische Museum in Berlin hierzu eine hundert Jahre alte Bildpostkarte mit dem Bundeslied, und

dazu ein Schmuckblatt der SPD betitelt »Zur Erinnerung an die fünfzigste Wiederkehr des Jahrestages der Gründung der deutschen Sozialdemokratie«, ein Plakat, auf dem Liebknecht, Bebel, Herwegh, Lassalle, Marx u.a. einträchtig unter den Parolen »Mann der Arbeit aufgewacht« und »Proletarier aller Länder vereinigt euch« zu sehen sind.
Im Übrigen glaubte man damals ja auch noch, mit globalisierter Arbeitermacht generalstreikend einen drohenden Weltkrieg abwenden zu können.
Das 150jährige Lied wurde in der Folge allerdings immer weniger gesungen, Hans von Bülows Musik zündete nicht, auch spätere Komponisten wie Hanns Eisler hatten Schwierigkeiten, die kurzzeiligen, vokalreichen Verse sangbar zu machen. Bei den 68er Studentenprotesten und in den 70er Jahren des letzten Jahrhunderts lebte es kurz wieder auf. Und auch bei Rote-Punkt-Aktionen gegen Fahrpreiserhöhungen war Herweghs Bundeslied, umgedichtet und neu vertont, noch zu hören, zum Beispiel in Hannover und Heidelberg.
Vor allem zwei Zeilen des Liedes überdauerten, wurden weltweit zur Streikparole und fast jeder hat sie im Kopf, ohne zu wissen, woher sie stammen:

»Alle Räder stehen still
Wenn dein starker Arm es will.«
Bergarbeiter, Werftarbeiter, Klinikpersonal, Müllabfuhr, Busfahrer, Lokführer, Fluglotsen, Drucker und viele andere drohten ihren Arbeitgebern schon mit der gereimten Kampfansage.
Noch heute finden sich die geflügelten Worte auf Spruchbändern und Plakaten der Gewerkschaften. Nicht selten verbunden mit einem Zahnrad, zum Beispiel auf dem Grabstein des Gewerkschaftsführers Hans Böckler in Köln. Immer wieder entdeckt man die Parole auch bei Atommülltransporten, oder südlich des Äqua-

tors, in den Silberminen von Mexiko oder Südafrika, wenn Berg- und Minenarbeiter aufbegehren...
(Auch politisch machte der eingängige Slogan Geschichte.
– 1918, zum Ende des 1. Weltkriegs, als Soldaten und Matrosen nicht mehr konnten und wollten ...
– Beim Generalstreik gegen Rechts 1920 zur Verteidigung der Weimarer Republik unter Friedrich Ebert ...
– Und auch bei den Hafenarbeitern einer Danziger Werft 1980 in Polen ...)
Soweit die Rückschau auf die Wurzeln der Bewegung, eine Erinnerung an Lassalle und Herwegh.

Und heute? Arbeiterbewegung?
Selbstbewusstsein, Solidarität und Kampfbereitschaft seien out, meinen heute manche Zeitgeistler, mehr oder weniger resigniert. Arbeit und Arbeiter scheine es kaum noch zu geben in unserem Teil der Welt. Auch immer weniger Bewegung. Also sei das Lied museal und verstaubt, und überhaupt, wer betet denn heute noch?

»An die Türe pocht die Not
Bete kurz, denn Zeit ist Brot.«

Die Arbeit wurde ausgesiedelt nach Vietnam, emigrierte nach China, flüchtete nach Bangladesch.
Angesichts der sich immer weiter spreizenden Schere zwischen Arm und Reich sei er ja auch ziemlich schlaff geworden, der einst so starke Arm.

**Je mehr Arbeitslose – desto größer der Gewinn**, verkündete der Sprecher der Deutschen Bank schon vor dreißig Jahren.
Und unsere neoliberalen Politiker verstanden das sogar als eine Art Naturgesetz:

**Je mehr Arbeitslose – desto größer der Gewinn!**
Außerdem:
Schleckerfrauen und andere Arbeitslose streiken nicht.
Und in Bochum – wenn ein smarter Vorstands-Finger in Detroit das will – Opelarbeiter wollen nicht, dass die Räder still ... stehen.
Mit der Abschaffung der Arbeit und der Arbeiter gäbe es bald schon kein Widerstandspotential mehr.
Roboter singen keine Arbeiterlieder, Werkzeugmaschinen fordern keine Lohnerhöhung und Elektronenhirne protestieren nicht, wenn sie verschrottet werden.
Und auch unsere letzte Arbeitskraft, das Geld, von dem Banker, Börsenspekulanten und Aktionäre glauben, dass es allein noch und bis in alle Ewigkeit für sie anschaffen würde, auch das Geld meldet sich in keiner Gewerkschaft an.
Geld, Roboter und die Nähmaschine in Bangladesch lassen sich weder als Genossen noch als Kollegen anreden.
Heute sei eben alles viel komplizierter, egozentrischer, verschlafener.
Keine Bange, so schnell werde bei uns bestimmt keiner mehr aufwachen und seine Ohnmacht erkennen wollen.
Mal abgesehen von Griechenland, Spanien und weiter südlich und so ...
Also könnten wir sie – bei uns, im Merkelparadies – doch endlich mal vergessen? Herwegh und Lassalle, Lassalle und Herwegh? 150 Jahre danach ...?
Andererseits, um optimistisch zu enden, andererseits gibt es ja auch bei uns immer noch genug Arbeit. Manchmal viel zu viel.
Neulich saß ich in Minden bei einer Taxifahrerin im Auto, geschieden, Mutter von zwei Kindern, die hatte viel zu viel Arbeit, ab fünf Uhr Zeitungen austragen, danach drei Stunden Putzkolonne in einer deutschen Bank, dazwischen Kinder wecken, Frühstück machen, hinterher sechs Stunden Pflegedienst im Altenheim,

danach Kinder, Abendbrot, Schulaufgaben, dann müsse sie wieder Taxifahren bis spät in die Nacht ...

Dabei halte sie die Augen offen und kontrolliere, dass ihre dreizehnjährige Tochter nicht auf den Babystrich, oder Drogen oder Schlimmeres ...

Sie würde ja gern einen ihrer Billiglohn- und Mini-Jobs aufgeben, sich mehr um die Kinder kümmern – aber dazu fehle das Geld ...

Dagegen gäbe es hierzustaate, gibt es nördlich der Alpen ja auch genug Geld. Viel zu viel. Zum Beispiel, um marode Banken über Wasser zu halten. Und dann gäbe es ja auch Leute, die 25 000 Euro in einer Stunde bekämen,– das würde ihr schon reichen, im Jahr, meinte die Taxifahrerin.

Es wäre eben alles nur falsch verteilt heute, die Arbeit und das Geld.

Freiheit, Gleichheit, Brüderlichkeit – für Lassalle, Herwegh und ihre Zeitgenossen waren die Forderungen keine tagespolitischen Parteiprogramme. Sie waren immer auch verbunden mit den Gedanken der Aufklärung, den humanen Grundwerten der jüdisch-christlichen Religion, den Menschenrechten und der Frage der sozialen Gerechtigkeit.

Die aber sind, mit Schiller und Wilhelm Tell zu sprechen, die **göttlichen, ewig gültigen Rechte aller Menschen** ... Sie stehen nie und nimmer zur Disposition. Und darum dürfen wir sie auch nicht vergessen: Herwegh und Lassalle, Lassalle und Herwegh. Oder wie es Heinrich Heine 1832 nach dem Hambacher Fest einmal formuliert hat, als viele Dichter und Denker ins Gefängnis oder Exil mussten und ihr Traum gescheitert zu sein schien:

»Die Idee, die jetzt viele deutsche Geister erfasst hat, ist keine vorübergehende Grille...

Den Doktor Wirth und den Siebenpfeiffer – man kann sie festsetzen, und man wird sie festsetzen; aber ihre Gedanken bleiben frei

und schweben frei, wie Vögel, in den Lüften (...), bis sie eines Sommermorgens auf dem öffentlichen Markte zum Vorschein kommen, groß gewachsen, gleich dem Adler des obersten Gottes und mit Blitzen in den Krallen. Was ist denn ein halb oder ganzes Jahrhundert?
Die Völker haben Zeit genug, sie sind ewig. Nur die Könige sind sterblich.«

(Vortrag, Neujahrsempfang, Friedrich-Ebert-Gedenkstätte Heidelberg, Januar 2013, zu Herwegh s.a. Michail Krausnick: Georg Herwegh – Dichter und Rebell, Signal Verlag Baden-Baden 1991)

**BIRNE 1848**

Vor langer, langer Zeit, in jenen alten Tagen, als das Wünschen noch geholfen hat, da lebte einmal ein König in Paris, der die Reichen immer reicher und die Armen immer ärmer machte. Eigentlich hieß er Louis Philippe, aber seine Untertanen nannten ihn immer nur **Birne**, weil er birnenrund war und so süßlich nach Parfum duftete. Vor allem, wenn er wieder einmal eine seiner vielversprechenden Reden hielt und sich als Bürgerkönig aufspielte. In Wirklichkeit nämlich war dieser Louis nichts anderes als ein aufgepumpter Lobbyist der Geldaristokratie. Und seit über 15 Jahren sah man, dass in seinem Reich der Reichen die Zahl der Arbeitslosen niemals runterging.

Eines schönen Tages jedoch, im Jahre 1848, riss seinen bis dahin so braven Untertanen der Geduldsfaden, sie bauten Barrikaden, nahmen Gewehre in die Hand und jagten den dicken Volksverräter dahin, wo er hingehört, zum Teufel.

Aber, wie gesagt, das war in jenen alten Tagen, als das Kämpfen noch geholfen hat ...

## Nachwort

In diesem Band sind sehr unterschiedliche und verstreute Aufsätze, Vorträge, Zeitungsartikel, Radioessays versammelt, neu bearbeitet und mit Originalbeiträgen erweitert, die von Autoren des 19. Jahrhunderts und/oder ihrem Traum von Freiheit und Gerechtigkeit erzählen. Die Auswahl ist zufällig und folgt subjektiv meinem Mitteilungsbedürfnis. Daher hoffe ich auf verständige, interessierte und nachsichtige Leserinnen und Leser.

Michail Krausnick
Heidelberg, Juni 2013

# MICHAIL KRAUSNICK

geb. 1943 in Berlin, aufgewachsen in Hannover, Studium Literaturwissenschaft und Soziologie, Dr.phil., Lebt als freier Autor bei Heidelberg. Schreibt Satiren, ScienceFiction, Hörspiele, Film- und Fernsehdrehbücher, Theaterstücke, Gedichte und Geschichten für Kinder und Jugendliche. Kabarettautor für »Kom(m)ödchen«, »Stachelbären«, Thomas Freitag u.a.

Deutscher Jugendliteraturpreis 1991; Friedenspreis Kirchheimbolanden 1991; CIVIS-Fernsehpreis der ARD 1995; Louise Zimmermann-Preis 1998; Wildweibchen-Preis 1999. Mitglied in KOGGE, VS und P.E.N.

## VERÖFFENTLICHUNGEN

Paul Heyse u. d. Münchener Dichterkreis, Bouvier 1974;
Beruf: Räuber, Rowohlt 1978; Wellhöfer 2009; *Da wollten wir frei sein!* – Eine Sinti-Familie erzählt, Beltz&Gelberg 1983; *Die Sache Mensch*, Satiren, Rowohlt, 1985; *Die eiserne Lerche*. Georg Herwegh, Signal 1990; Beltz&Gelberg,1993; *Wo sind sie hingekommen? Der Völkermord an Sinti und Roma*, Bleicher 1995; *Emma Herwegh – Nicht Magd mit den Knechten*, Marbacher Magazin 1998; Johann Georg August Wirth, Biographie, Quadriga 1998; Wellhöfer 2011; Der Hauptgewinn, Bertelsmann 2000, schatzkiste 2005; Auf Wiedersehen im Himmel, arena life 2004; Matthias Erzberger, Reihe Rhein-Neckar-Brücke 2004; Jack London, dtv-porträt, 2006; Elses Geschichte, Ein Mädchen überlebt Auschwitz, Sauerländer 2007; Behinderung – Wer behindert wen?, Horlemann 2009; Der Pfälzer Al Capone, Wellhöfer 2010; *Du bist mir so unendlich lieb*, Clara Wieck, Robert Schumann, Johannes Brahms in Briefen, Wellhöfer 2010; *Denn Du bist mein Liebstes auf der Welt*, Briefwechsel Christiane Vulpius und Johann Wolfgang Goethe, Wellhöfer 2011; Rose Grandisson – Gefangen in Heidelberg, Wellhöfer 2011;
Gottfried August Bürger – *»Jetzt will ich ihn haschen, den Eheschänder!«*, Wellhöfer 2012

In dieser Reihe sind bisher erschienen:

**1** Hubert Bär
SEITENSTICHE
Satiren · ISBN 3-8334-3548-8 · 2005

**2** Michail Krausnick und Günter Randecker
MORD ERZBERGER!
ISBN 3-8334-3586-0 · 2005

**3** Rolf Bergmann
DAMALS IM ROTEN KAKADU
ROMAN · VILLA FLEDERMAUS · ISBN 978-3-932683-52-7 · 2005

**4** Anette Butzmann
DER DRACHE DREIERLEI · Märchenhafte Erzählung
VILLA FLEDERMAUS · ISBN 978-3-932683-53-4 · 2006

**5** Hubert Bär
ES LIEGT VIELLEICHT AN HEIDELBERG
KRIMINALROMAN · ISBN 978-3-8334-6757-8 · 2007

**6** Michail Krausnick
BERUF: RÄUBER ODER DAS BLUTGERICHT ZU HEIDELBERG
ISBN 978-3-8370-0506-6 · 2007

**7** Rolf Bergmann
DER MANN, DER AUS DEN QUADRATEN FIEL. ROMAN
VILLA FLEDERMAUS · ISBN 978-3-932683-54-1 · 2009

**8** Friedhelm Schneidewind
SPIEGEL, MUSCHELKLANG UND ELBENSTERN. ARTIKEL
VILLA FLEDERMAUS · ISBN 978-3-932683-55-8 · 2009

**9** Gudrun Reinboth
DAS LEBEN, DER TOD UND DIE INSELN DES GLÜCKS
ERZÄHLUNGEN · ISBN 978-8423-4079-4 · 2011

**10** Meinhard Saremba
DIE TUGENDEN DES BÖSEN
ERZÄHLUNGEN · ISBN 978-3-8482-5858-1 · 2012

RHEIN-NECKAR-BRÜCKE

# Heidelberg-Krimi
# Historischer Roman
# Buch zum Film

ROSE GRANDISSON - der romantische Krimi erzählt eine wahre Geschichte: den Aufstieg des Gauner- und Hochstaplerpärchens Carl und Rose Grandisson vom Armenhaus in Kopenhagen bis in die ersten Kreise der Heidelberger Gesellschaft um 1810, die Verhaftung Carls und den Versuch des Untersuchungsrichters, Rose zu einem Geständnis zu zwingen.

**ROSE GRANDISSON**
Gefangen in Heidelberg
Historischer Roman, Hardcover
ISBN 9783939540908
16,80 € – Wellhöfer Verlag Mannheim

## "Buchtipp des Monats -

Der historische Roman erzählt nicht nur einen Kriminalfall, sondern er gibt auch einen großartigen Einblick in die Situation Heidelbergs um 1815. Krausnick, Wahlheidelberger und Drehbuchautor, ist ein guter Erzähler..."
**Sascha Spataru, Rhein-Neckar-Fernsehen**
Duell zwischen "Bluthund" und Hochstaplerin - ein spannendes Katz- und Maus-Spiel.
**Timm Herre, Mannheimer Morgen**
Literarische Zeitreise nach Heidelberg - Krausnick ... zeichnet ein ungeschminktes Bild der Heidelberger Romantik. Samt der mit Pferdeäpfeln übersäten Straßen.
**Eberbacher Zeitung**
"Rose Grandisson" bietet beste und spannendeUnterhaltung auf vielen Ebenen. Nicht nur Krimi-Leser kommen auf ihre Kosten.
**Erhard Jöst, Heilbronn, b&w**
In diesem "Regio-Krimi" der besonderen Art dürfen natürlich auch Leichen und eine Liebesgeschichte mit leicht ironischem homoerotischen Anstrich nicht fehlen. Und so verschlingt der Leser die Geschichte, die bereits dem Spielfim "Grandison" mit Helmut Qualtinger als Grundlage diente, mit reichlich Amüsement.
**Matthias Kehle, Badisches Tagblatt**
Zwischen Dichtung und Wahrheit bietet der authentische Fall eine bewegende Lebens- und spannende Ermittlungsgeschichte. Angereichert mit Bildern von Heidelberg empfiehlt sich der Tatsachenroman für viele Bibliotheken.
**Jürgen Seefeldt, ekz-Lektoratsdienst**
Souverän und mit literarischem Geschick entfaltet der Autor den historischen Stoff. Er zeichnet nicht nur das Schicksal des Gaunerpärchens und des Sekretärs Berger mit großer Empathie nach, er entwirft auch ein anschauliches, sinnlich dichtes Panorama Heidelbergs an der Wende vom 18. zum 19. Jahrhundert.
**Mannheimer Morgen**